Tierser Tal

Ein Gebietsführer durch König Laurins Reich und seinen Rosengarten

Zusammengestellt und herausgegeben von der
Arbeitsgruppe für Dorfgeschichte Tiers

Dritte, überarbeitete und erweiterte Auflage

VERLAGSANSTALT ATHESIA · BOZEN

Im Rahmen des Arbeitskreises wirkten mit:

Otto Pedoth, Lehrer — Luis Thaler, Pfarrer — Anna Pedoth, Lehrerin — Luise Psenner, Lehrerin - Dr. Isidor Trompedeller, Soziologe - Dr. Klaus Raffeiner - Paula Damian.

Der Arbeitskreis dankt allen, die zusätzlich mitgearbeitet haben:
Eduard Jud, Pfarrer von Völser Aicha, Toni Trompedeller in »Übergänge und Bergtouren«, Dr. Peter Ortner »Zur Fauna des Tierser Tales«, Dr. Ernst Borgmann, Steyler Missionär »Unsere Pflanzenwelt«. Herrn Luis Oberrauch danken wir für die Abdruckerlaubnis des Textes »In König Laurins Reich«. Besonderen Dank schulden wir Herrn Prof. Josef Aichner, Tiers, der uns seine handgeschriebene Dorfchronik von Tiers zur Verfügung stellte. Herr Kanonikus Maurer, Bozen, überließ uns seine Aufzeichnungen über die Kirchen von Tiers. Außerdem gilt unser Dank noch Herrn Dr. Josef Rampold für die Beratung und die Durchsicht des gesamten Textes.

Südtiroler Gebietsführer:

1 Antholzer Tal
2 Brixen und Umgebung
3 Tierser Tal
4 Latsch - Goldrain - Morter - Martell
5 Rosengarten - Welschnofen - Karersee
6 Ultental
7 Bruneck - Olang - St. Vigil - St. Lorenzen
8 Tauferer-Ahrntal
9 Sarntal
10 Eppan an der Weinstraße
11 Gemeinde Karneid
12 Ritten
13 Hofmark Innichen
14 Leifers - Branzoll - Pfatten
15 Reggelberg (Aldein — Deutschnofen)
16 Völs und Seis am Schlern - Kastelruth - Seiser Alm
17 Tramin - Kurtatsch - Margreid - Kurtinig
18 Bozen und Umgebung
19 Toblach und Umgebung
20 Kaltern und Umgebung
21 Lajen und Umgebung
22 Sulden - Trafoi - Gomagoi - Stilfs - Stilfser Joch
23 Terlan - Andrian - Nals
24 St. Martin i. T. - Campill - Untermoi - Wengen
25 Barbian - Villanders

(Die Reihe wird fortgezetzt)

Umschlagbilder:

vorne: St. Cyprian mit Rosengarten

rückwärts: Gemeindewappen von Tiers

Wappen der Herren von Velsegg, welche um 1200 urkundlich erwähnt und 1470 ausgestorben sind. Velsegg war ein Lehen des Hochstiftes Brixen. Mit Velsegg war das Gericht Tiers verbunden.

1980

Gesamtherstellung: ATHESIADRUCK, Bozen
ISBN 88-7014-192-6

Allgemeine Übersicht

Das Tierser Tal erstreckt sich parallel zum Grödner- und Eggental vom Eisack bis hin zur Rosengartenkette. Durch das enge Tierser Tal rauscht der Breibach, der bei Blumau in den Eisack mündet. Er wird durch den Tschamin-, Angel- und Schwaigerbach gebildet, welche aus dem Fuße des Rosengartens kommen. Bei St. Cyprian vereinigen sie sich und der Bach heißt von dort ab Breibach.
Die linke Talseite ist, mit Ausnahme von ein paar Höfen, sehr steil und dicht bewaldet. Am Abhang der sonnigen, weniger steilen, rechten Talseite ist das Dorf Tiers angesiedelt. Es erstreckt sich vom „Außertal" bis hinein nach St. Cyprian und Weißlahnbad.

Fahrt durch das Tierser Tal

Obwohl die Besiedlung des Tierser Tales auf die Jahrtausendwende zurückgeht, wurde die Straße von Blumau nach Tiers erst im Jahre 1811 gebaut. Diese Straße wurde oft schon das Opfer von Unwettern, das letzte Mal im Jahre 1966, wobei furchtbare Schäden angerichtet wurden. Von Bozen oder vom Brenner kommend biegt man heute bei Blumau (8 km nördlich von Bozen) auf einer im Jahre 1975 asphaltierten Straße in das Tierser Tal ein. Schroffe Porphyrhöhen begrenzen die Schlucht des Breibaches; nur Bach und Straße finden Raum. Allmählich ansteigend führt die Straße über zwei alte, steinerne Rundbogenbrücken zur Fraktion Breien. Beim Gasthaus »Halbweg«, auch Zollwirt genannt, wurde früher der Zoll für die Straßenbenützung eingehoben.
Breien ist ein Weiler in der Fraktion St. Kathrein, und gehört wie diese zur Gemeinde Völs am Schlern. Die wenigen Häuser liegen zum Teil links, zum Teil rechts des Breibaches. Dieser bildet die Gemeindegrenze. Die Häuser rechts gehören zur Gemeinde Völs, links des Breibaches zur Gemeinde Karneid.
Fast sämtliche Häuser waren früher Handwerksbetriebe (Sägewerke, Mühlen, Schmieden), die ihren Energiebedarf vom Wasser des Breibaches deckten. Bis zur Wasserkatastrophe vom Jahre 1882 waren noch alle in Betrieb. Von Blumau bis zur

Stögersäge (heute Tschaminschwaige) standen 46 derartige Betriebe. So gründlich wurde die Wasserenergie des Breibaches genutzt.
Ein Fußweg an der linken Talseite führt von Breien über den Dosser- und Furn-Hof in eineinhalb Stunden zum Dorf Steinegg (820 m), das in beherrschender Lage den linken Talsporn des äußeren Tierser Tales krönt und auf Gemeindegebiet des ganz dem Eisacktal zugewendeten Karneid liegt. (Näheres über Steinegg siehe im Wanderteil.)
Von Breien steigt die Straße nach Tiers nun stärker an. Gleich nach dem Ritztal, welches die Gemeindegrenze zwischen Tiers und Völs bildet, führt eine Abzweigung nach St. Katharina, auch St. Kathrein genannt (880 m), das zur Pfarre Völser Aicha gehört. Eine halbe Gehstunde von St. Kathrein westwärts an den Sonnenhängen des äußeren Tales liegt die Ortschaft Völser Aicha (862 m), eine Fraktion von Völs mit weitverstreuten Höfen. (Näheres über Völser Aicha und St. Kathrein siehe im Wanderteil.)
Wenn wir nach dem Ritztal weiterfahren, kommen wir zum steilsten Straßenstück zwischen Breien (655 m) und Tiers (1018 m). Dieser steile Anstieg wird „Fretta“ genannt und weist eine maximale Steigung von 24% auf. Zum Glück ist dieser Straßenabschnitt im Winter fast immer schneefrei, da er sehr sonnig gelegen ist.
Es ist ein besonders eindrucksvolles Bild, wenn man nach Überwindung der „Fretta“ auf der Höhe des Ratschigler Bodens plötzlich die am sonnigen Hang gelegene Siedlung vor der faszinierenden Kulisse des Rosengartens erblickt. Wir sind

im Bergdorf Tiers

Die 200 Häuser der Gemeinde Tiers liegen teils um die Pfarrkirche (St. Georg) geschart, teils dem Hang und der Straße entlang bis hinein nach St. Cyprian und Weißlahnbad. Die höher gelegenen Höfe sind vom Dorf aus zu Fuß, von St. Cyprian aus mit Auto über die Oberstraße erreichbar. So schmiegt sich das Dorf Tiers an den sonnigen Hang am Fuß des Hausberges Tschafon (1737 m), der sich wie ein schützender Wächter im Norden erhebt.
Die Pfarrkirche St. Georg liegt auf einer Anhöhe, von der aus man einen schönen Blick auf den Rosengarten hat. Umrahmt

Tiers zu Füßen des Rosengartens.

wird die Pfarrkirche von einem der schönsten Bergfriedhöfe mit vielen kunstvollen, schmiedeeisernen Kreuzen. Das Gemeindegebiet umfaßt 4208 ha Boden, wovon ein Teil landwirtschaftlich, der weitaus größere Teil forstwirtschaftlich genutzt wird. Mehr als die Hälfte des Bodens bedecken Felsen und sind unnutzbar.
Im Jahre 1980 zählte Tiers 821 Einwohner in 208 Familien. In früheren Zeiten betrieben die Bewohner des Dorfes vorwiegend Ackerbau, Viehzucht und Holzwirtschaft. Die letzten zehn Jahre erforderten eine radikale wirtschaftliche Umstellung der Bewohner auf den Fremdenverkehr. Gastwirte, Pensionsbesitzer und Privatvermieter haben sich durch Um- und Ausbauten bemüht, ihren Urlaubsgästen einen angenehmen, erholsamen Ferienaufenthalt zu ermöglichen.
Gäste, die Ruhe und Naturverbundenheit suchen, werden sich in Tiers wohlfühlen und auf ihre Rechnung kommen. Franz Hieronymus Riedl beschreibt das Tierser Tal als eines der lieblichsten Seitentäler Südtirols, dessen Kirchlein St. Cyprian mit dem Rosengarten im Hintergrund zu den meist photographierten Motiven unseres Landes zählt. Riedl sagt: »Das Tierser Tal ist ein Naturwunder«. (in: Südtirol in Wort und Bild, Heft 2, 1968)
Die Straße führt weiter durch das Dorf taleinwärts und erreicht nach 2 km das Kirchlein St. Cyprian (1071 m), das an der Gabelung des Tschamin- und Purgametschtales in einzigartiger Lage unter dem Rosengarten steht.
Links vom Kirchlein zweigt eine Straße ab zum Tschamintal und endet nach 1 km in Weißlahnbad, wo seit 1814 die Magnesia- und Schwefelquellen für Bäder genutzt werden. Nach Aussagen der alten Leute ist man auf die Nützlichkeit der Quelle dadurch gekommen, daß ein erkranktes Schaf durch das Trinken des Wassers wieder gesund wurde.
Zweigt man bei St. Cyprian rechts gegen Südosten ab, gelangt man über die 1959 erbaute asphaltierte Nigerstraße an den Traunwiesen entlang und weiter über Runggun und Purgametsch, immer am Fuße des Rosengartens, nach 8 km zum Nigerpaß (1690 m, Schutzhütte). Von dort führt die Rosengartenstraße weiter über herrliche Almen hin zum Karerpaß (1753 m), wo man auf die große Dolomitenstraße stößt, die — von Bozen über Welschnofen kommend — nach Vigo di Fassa und Canazei führt.
Die herrlichen Almwiesen am Niger unter dem Rosengarten hin zum Karerpaß gehören zum Teil den Tiersern, zum Teil den

Welschnofnern. Daß es da nicht immer gerecht und mit rechten Dingen zuging, davon erzählt uns folgende Sage.

Der Marksteinrucker

Am Niger unter dem Rosengarten haben die Tierser und die Welschnofner Jahrzehnte hindurch wegen der Almgrenzen zu streiten gehabt. Sommer für Sommer sind die Hirten und Bauern von der einen und von der anderen Seite dort oben zusammengewachsen und haben sich die Köpfe blutig geschlagen.

Endlich, nachdem die Tierser und Welschnofner einander so manches zuleid getan hatten, hat ein altes Mandl aus Fassa Frieden gestiftet und die Marksteine gesetzt. Alle waren einverstanden, die hübern und drübern, bis auf einen einzigen Welschnofner Bauern. Dem hat die Mark noch immer nicht recht getaugt. Gesagt hat er zwar nichts — es hätte ihm auch nicht viel geholfen — aber in einer finsteren Regennacht hat er einen Spaziergang auf den Niger gemacht und die Grenz ein wenig verschoben — natürlich zu seinem Nutzen.

Wie dann der Bauer verstorben ist, war am Niger schon wieder keine Ruhe und der Teufel los. Man hat von einem Gespenst zu erzählen angefangen, das sich dort oben sehen lasse und jämmerlich schreie und seufze.

Der Ladritscher Müller von Welschnofen muß einmal spät in der Nacht über den Niger. Wie er oben auf der Höh grad einen Raster macht und ein Maul voll Kranewitter aus seiner Flasche glucksen läßt, kommt richtig der Irrwisch daher und jammert mit seiner hohlen Geisterstimme:

„Wo soll ich ihn hintun, den Stein? Wo hintun, hintun? Wo-wo-wo-wo-hin?"

„Da trink einmal, du Goggezer (Stotterer)", sagte der Müller gutmütig und hält ihm die Schnapsflasche entgegen. Der Geist aber fängt neuerdings zu stöhnen an wie eine Schleiereule:

„Wo soll ich ihn hintun, den Stein? Wohin? Wohin? Wohin?

Daß jemand seinen Kranewitter, den er selbst gebrannt, zurückweisen könnte, wie es dieser Jammergeist da tat, das hätte sich der Müller bis dahin nicht einmal im Traum einfallen lassen. Das machte ihn fuchtig, den Ladritscher, und als der Geist noch immer sein „Wohin? Wohin? Wohin?" über die Almen stöhnte, fuhr ihn der Müller recht ungnädig an:

„Du bist a fader Säckl mit deinem 'Wohin?' Von mir aus, tust ihn hin, wo du ihn hergenommen hast, aber mich laßt jetzt in Ruh."
Da humpelte der Geist eiligst davon und hat sich nie mehr sehen lassen. Der Rat, den Stein auf den alten Platz zu setzen, muß ihn erlöst haben.
Der Ladritscher Müller aber ist seit der Zeit an schlecht auf Geister und Gespenster zu sprechen. Das sind nach seiner Meinung Wesen, die keinen Leib, aber auch keinen Verstand haben, denn sonst hätte der Jammerer den Kranewitter (Wacholderschnaps) zumindest gekostet. (Vergleiche Franz S. Weber: Laurins Rosengarten, Bozen, S. 80)

Unsere Bergwelt

Die Berge um das Tierser Tal sind nicht nur wegen ihrer Höhe, sondern vor allem ihrer mannigfachen Formen wegen bewundernswert.
Im Norden und Nordosten zieht sich das Schlernmassiv hin als wuchtiger Koloß, mit mehreren Erhebungen:
Tschafon (1737 m), Völseggspitze (1834 m) — einer der berühmtesten Aussichtspunkte in der Bozner Umgebung — Hammerwand (2124 m), Mittagskofel (2186 m), Petz (2561 m) als höchste Erhebung des Schlerns.
Im Osten schließt die Rosengartenkette das Tal ab. Ihre höchste Erhebung bildet der Kesselkogel mit 3002 m. Hinter dem Kesselkogel liegt der Antermojasee, um den sich, wie um den Rosengarten, viele Sagen ranken. Zum Beispiel soll dort hinten einmal ein feuerspeiender Berg gewesen sein, der seine Lavamassen über den Rosengarten bis auf die Tierser Almen herunterspie. Damit sollten wohl die Funde von Lavagestein erklärt werden, die im Tierser Gebiet immer wieder gemacht wurden. Die wohl bekannteste Gruppe des gesamten Gebietes ist der Rosengarten, dessen Spitze eine Höhe von 2998 m erreicht. Berühmt sind auch die drei Vajolettürme (Winkler, Stabeler, Delago), die einer gemeinsamen Wurzel entragend wie steinerne Stichflammen emporsteigen. Sehr lohnend und ein oft besuchter Gipfel der südlichen Rosengartengruppe ist die Rotwand (2806 m). Im Süden des Tierser Tales zieht sich, beginnend am Nigerpaß, ein mäßig hohes Gebirge, Riedl genannt,

Die Türme von Vajolet im Rosengarten.

vom Osten nach Westen und fällt bei Steinegg und Karneid ins Eisacktal ab. Ein Wanderweg führt diesem bewaldeten Bergrücken entlang vom Nigerpaß (1690 m) zur Zischglalm (1558 m), über die Wolfsgrube zum Taltbühel (1759 m) und weiter nach Gummer und Steinegg.

Die Wolfsgrube bildet einen Übergang von Tiers nach Welschnofen. Wie schon der Name sagt, hausten früher in dieser Gegend Wölfe. Heute sieht der Wanderer dort eine 2 m tiefe, rundgemauerte Fallgrube, die als Fanggrube für die Wölfe diente. Die Grube wurde mit Reisig und Baumästen überdeckt, so daß sie von den Wölfen nicht gesehen wurde. Wenn sie darüber liefen, stürzten sie in die Grube.
Der Taltbühel westlich von der Wolfsgrube ist die höchste, dicht bewaldete Erhebung von Europa.
Im Westen ist das Tierser Tal offen und gibt den Blick frei auf das Rittner- und Mendelgebirge. Im Hintergrund sieht man die Texelgruppe (oberhalb Meran), die Ultener Berge mit dem Hasenöhrl und das Ortlergebiet.
In dieser Bergwelt des Tierser Tales entstand die Sage vom König Laurin und seinem Rosengarten.

König Laurins Rosengarten

Der Rosengarten zählt zu den herrlichsten Wahrzeichen der Dolomiten. Im grellen Tageslicht der Sommerhitze steht er im fahlen Felskleid wie eine Geisterburg da. Einmalig jedoch ist er in der Dämmerstunde. Da erglühen die schlanken Türme und Zinnen in überirdischem Purpurleuchten, das erst mit dem Sonnenuntergang erlischt. Und selbst dann strahlt er noch einen eigenartigen, alabasternen Schein aus; dies wird oft als das »Sterben des Berges« bezeichnet.
Dieses Alpenglühen des Rosengartens ist weltberühmt geworden. Darum kommen, besonders in Sommertagen, viele Touristen zum Kirchlein St. Cyprian, um bei Sonnenuntergang dieses einzigartige Naturschauspiel in ihre Kamera einzufangen.
Aber nicht nur in Kameras, auch in Sagen wurde dieses Schauspiel eingebettet und erklärt. Die Sage von König Laurin ist im gesamten deutschen Sprachraum bekannt. Die gründlichste Bearbeitung der Sage neueren Datums verdanken wir Josef Rampold. Mit Genehmigung des Autors übernehmen wir voll-

Laurins Fluch traf den Rosengarten für Tag und Nacht — aber in der Dämmerung blühen heute noch die Rosen im Fels.

inhaltlich seine Ausführungen (J. Rampold: Bozen und Umgebung, S. 400—404):

„Die Erforschung und Deutung dieser Rosengartensage verdanken wir den lebenslangen Bemühungen und Studien des Gelehrten und Schriftstellers Karl Felix Wolff, der 1966 in Bozen verstorben ist; er nannte den Kranz der alten Überlieferungen um den rätselhaften König Laurin die *Krone aller Alpensagen.*

Man wird Wolff recht geben dürfen, wenn er die Ursprünge der Sage von den Zwergen nicht mittelalterliche Erfindung von Spielleuten sein läßt — wie manche behauptet haben —, sondern in Laurin und seinen Zwergen die sagenhafte Gestaltung des Bildes der Alpenraum-Urbewohner sieht. Die stets überspitzende Tendenz der Sagenüberlieferung hat aus diesem an Gestalt eher kleinen, zähen und auch sehr klugen Menschenschlag die Zwerge mit all ihren Kunstfertigkeiten gemacht; eine große Rolle spielt u. a. schon sehr früh das Vorkommen geschätzter Mineralien:

(Die Zwerge) *truogen rîchiu kleider an...*
dar an daz beste gesmîde
daz man von silber und von golde
und von gesteine haben solde...

Dieses und die folgenden Zitate stammen — soweit nicht ausdrücklich anders vermerkt — aus einer um 1250 entstandenen Fassung des mittelhochdeutschen Spielmannsliedes vom König Laurin, das in zahlreichen Handschriften und verwandten Versionen verbreitet war, bis hinauf nach Dänemark.

Wir zählen hier — den Anmerkungen Wolffs folgend — die wichtigen Laurin-Bearbeitungen auf. Der genannte Text, aus dem wir zitieren, wird unter der Bezeichnung „Laurin A" geführt und wurde textkritisch von Müllenhoff-Roediger ediert (Halle an der Saale, 1926); man nimmt an, daß er auf eine Vorstufe um 1200 zurückzuführen ist, die ihrerseits wiederum weitgehend auf mündlich überliefertes Sagengut zurückgeht. Um 1500 wurde in Straßburg ein Text gedruckt und ebenso im alemannischen Raum kurz zuvor ein „Kunech Laurin"; Bruchstück geblieben ist ein als „Laurin D" geführter Text, und stark verkürzt findet sich auch im „Ambraser Heldenbuch", das der Bozner Zolleinnehmer Hans Ried bearbeitet hat, ein „Zwerg Laurin" und ein „Wormser Rosengarten". Schließlich sei noch die dänische Version „Dvergekongen Lavrin" (15. Jh.) erwähnt, der die Forschung sehr altertümliche Züge zuschreibt. Es ist bemerkenswert, daß auf diese Weise nicht allein die Taten des Theoderich-Dietrich („Thidreks-Saga"), sondern auch die seines Gegenspielers Laurin ihr Spiegelbild in der nordischen Dichtung gefunden haben.

Der S c h a u p l a t z des Geschehens ist früher sehr umstritten gewesen, denn das Rosengartenmotiv findet sich in allen deutschen Landschaften; immerhin wird jedoch im „Laurin A" eindeutig Tirol genannt:

dô riten die zwêne (Dietrich und Witege) *balt*
birsen ze T i r o l für den walt...

Innerhalb von Tirol jedoch — das heute einstimmig nicht nur als Schauplatz, sondern auch als die Heimat des unbekannten Verfassers des Spielmannsliedes angesehen wird — innerhalb dieser als Südtirol zu identifizierenden Landschaft hat man den Rosengarten durchaus nicht allein in den westlichen Dolomiten gesucht, sondern früher sehr an die Gegend von Algund bei Meran gedacht, wo die Sage in der Bevölkerung tief verwurzelt war; Wolff war es, der die eindeutige Beziehung der altladinischen *enrosadüra* (Alpenglühen) mit dem Rosenmotiv in Verbindung gebracht hat, so daß heute am Schauplatz Eggental — wo ja auch das Ekkenlied beheimatet ist — kaum mehr Zweifel geäußert werden. Wo sollte auch außerhalb des ladinischen Raumes die Überlieferung von einem König der Zwerge, also von einem „Reich", ihre Berechtigung haben? Schauplatz und Sagenmotiv weisen auf uralte Besiedlungskämpfe vorromanischer Völkerschaften gegen fremde Eindringlinge (Kelten?); Theoderich-Dietrich ist — zusammen mit zahlreichen anderen Recken- und Minnemotiven — erst viel später eingeführt worden, aus tatsächlicher Erinnerung an die Völkerwanderungszeit und aus freier Bearbeitung der Dichter der Spielmannsepen.

Doch mag es nun an der Zeit sein, den Leser mit dem Inhalt der Sage bekannt zu machen, wie sie Wolff aus sämtlichen Quellen erschlossen hat:

König Laurin herrschte mit seinen Zwergen im Gebirge; die Zwerge sind gute Bergleute (!), fleißig und geschickt, sie wissen Gold und Edelsteine zu finden. Ihr König ist ein edler Herr, klein von Gestalt, aber vornehmsten Geblütes. Berühmt sind sein Gürtel, der die Kraft von zwölf Männern verleiht, und seine Tarnkappe (Nebel?), die ihn unsichtbar machen kann. — All seine Liebe gilt einem prächtigen Rosengarten, den er mit einem Seidenfaden umschlungen hat; wer den Faden durchschneidet, dem wird ein Fuß und eine Hand abgehackt.

Dieses letzte Motiv nennt Wolff eine *barbarische Erfindung des mittelalterlichen Bearbeiters.* Ebenso sieht er im folgenden Motiv des Frauenraubes weitgehende Entstellung:

Laurin erblickt Similde, *ein Edelfräulein von einem Schloß auf den Bergen an der Etsch;* in aller Form wirbt er um sie, muß aber Zauberkünste anwenden, um sie in sein Reich zu bringen; dort zeigt er dem blonden Mädchen, das er zu seiner Königin machen will, alle Pracht seines Gartens. Similde klatscht vor Freude in die Hände, alles ist ihr wie verzaubert. Seltsam erscheint ihr nur, daß der Edelmann an ihrer Seite so klein ist...

Dô sprach die maget reine:
wie bist du denne sô kleine?
sage mir den namen dîn:
wie macht du geheizen sîn?

...und Laurin antwortet voll Stolz:

Man sprichet mir, maget schône
künec Laurin mit der krone...

(zit. aus „Laurin D")

Doch das Mädchen soll nicht die Frau des kleinen Königs werden. Dietleib, der Bruder Simildes (in anderen Handschriften auch Kühnhild), hat den unübertrefflichen, den großen Dietrich um Hilfe gebeten, den „Raub" zu sühnen und die Schwester zu befreien — eine ganz und gar rechte Aufgabe für den Helden, die Kraft eines Gegners trotz Zwölfmännergürtel und Tarnkappe zu brechen, eine herrliche Keilerei, weiß Gott — und noch dazu eine gefangene Jungfrau zu befreien...

Wie Dietrich in Begleitung des rohen Witege *ze Tirol gen den walt* kommt, haut dieser als erstes den Seidenfaden durch und zertritt die Rosen:

(Witege) *sluoc die rôsen abe zehant*
in dem rôsengarten, (die Rosen)
wurden getreten in den plân,
das gesteine muost sîn schînen lân.

Das Gestein! Wir sind also in einer felsigen Gegend. — Gleich nach der Übeltat braust der erzürnte König auf seinem weißen Rößlein daher, daß die Schellen am Zaumzeug hell aufklingen. Es kommt zum Kampf, den — es kann nicht anders sein — Dietrich gewinnt, und es kommt zu einer Art Waffenstillstand. Dietleib schließt die Schwester in die Arme, König Laurin sieht es mit Schmerz. Similde aber spricht die inhaltsschweren Worte:

gabe (gäb) *mich dir der bruoder mein*
so will ich gerne bei dir sein...

(Nürnberger Druck, um 1540)

Aber es kann nicht sein. Laurin hat Similde verloren, und seine Rosen sind zerstört:

den mînen rôsengarten
die mînen lieben rôsen rôt
habt ihr getreten in den plân
und hân iu nie kein leit getân!

„Ich hab euch nie ein Leid getan!“ In diesem Satz ist die ganze Tragik Laurins enthalten, hier spiegelt sich der Untergang eines rätischen Königreiches und vollzieht sich das Schicksal seines Herrschers. Müde steht er an der Walstatt, schaut auf seine toten Krieger herab:

Dô sprach der künec:
owê mir, dirre (diese) *nôt!*
wie liegent mîne diener
sô jaemerlîche tot!
der anger sî verfluochet
der rôsen hat getragen . . .

(„Wormser Rosengarten“)

Das ist Laurins Fluch. Spätere Bearbeiter haben ihn mit zahlreichen Versteinerungssagen der Alpen in Verbindung gebracht — der besiegte König ließ den Rosengarten zu Stein werden, verdammt solle er sein, bei Tag und bei Nacht, da er ihn durch seine Pracht verraten — nur die Dämmerung hat Laurin nicht genannt; so kommt es, daß der Rosengarten zwischen Tag und Nacht brennrot aufleuchtet, bis auf den heutigen Tag.

Deutlich werden in diesen Versionen verschiedene Märchenmotive sichtbar; man beachte, daß ja auch Laurin selbst — im Gegensatz zu Theoderich-Dietrich — historisch nicht faßbar ist. Auch sein Name bleibt weitgehend ungeklärt; Wolff denkt an ein uralpenländisches **lavareno aus *lawa* („Stein“), aus dem über *lawrén* schließlich „Laurin“ wurde — der Felsenkönig.

Nach dem „Laurin A“ wird der gefangene König von Dietrich nach Berne mitgenommen, als Hofzwerg:

. . . und der vîl kleine Laurîn
muost ze Berne ein goukler sîn.

Doch diese Lösung entspricht nicht dem Edelmut Dietrichs, sie scheint eher eine Erfindung des tückischen Witege zu sein. Spätere Überlieferungen lassen den Gotenkönig mit seinem ritterlichen Gegner Freundschaft schließen und ihm die Freiheit geben. So konnte Laurin wieder in seine Berge ziehen. Dort sitzt er nun, selbst versteinert, auf dem Tschafon im Schlerngebiet und schaut hinüber in sein einstmals so blühendes Reich (lokale Überlieferung).

Es ist Wolffs Verdienst gewesen, die Gestalt des Laurin in seiner historischen bzw. prähistorischen Bedeutung aufgezeigt und ihn als den edelmütigen Herrscher hingestellt zu haben, der nichts mit einem tückischen Zwerg zu tun hat. Wohl aber haben Laurin und seine Sage auf realem Untergrund mit dem Quell jener Poesie zu tun, der aus unerhörtem Reichtum die Dolomitensagen erstehen ließ. Man hat heute für diese Poesie im allgemeinen weniger übrig als zur Zeit, in der man nicht allein das Felsenreich der Dolomiten selbst Schritt um Schritt entdeckte, sondern eben auch seinen edelsteingleichen Schatz einer uralten Volksdichtung.

Aber es ist heute wie damals dasselbe; wie der Mensch auf die Dauer nicht ohne Brot leben kann, so kann er auch nicht ohne Poesie leben; auch für unsere Generation wird dies die künftige Zeit weisen."

Aber es ist heute wie damals dasselbe; wie der Mensch auf die Dauer nicht ohne Brot leben kann, so kann er auch nicht ohne Poesie leben; auch für unsere Generation wird dies die künftige Zeit weisen."

Siehe auch die Sage „König Laurins Rosengarten" in erzählender Form nach Karl Paulin (111).

König Laurins Reich

So groß wie die Schönheit des Berges, der sich über die dunklen Forste des Reiches der Riesen und Helden von Traun und Plafötsch königlich zum Himmel hebt — so groß ist die Stille in den Tälern von Tschamin und Valbon, die den Abschluß des Tierser Landschaftsraumes in nordöstlicher Himmelsrichtung bilden.

Schüchterne Akeleien und mannshohe Lattiche stehen in den dunklen Gründen, aus denen lebensfroh die Quellen fließen, Adler und Gemse beherrschen diese Welt, die selten eines Menschen Fuß betritt — denn nur wenige sind es, die um die Heiligkeit dieser Einsameien wissen, in denen an späten Sommerabenden der Abglanz eines Südtiroler Sonnentages gleich einem feinen Lächeln liebkosend um Türme und Grate spielt. Links von dem im Vordergrund des Bildes freistehenden Berglerturm zieht sich das kleine Valbontal hinauf zu den Schründen und Schlüften des mächtigen Valbonkogels, der seitlich das trümmererfüllte, große Valbon begrenzt, das ins sagenhafte Vajolon hinüberführt.

Über den märchenschönen „Pagunwiesen", auf denen in hellen Mondnächten, wie die Hirten zu erzählen wissen, die Saligen aus den weißen Bergen im geheimnisvollen Reigen schreiten, erhebt sich frei die Sattelspitze, überragt von der westlichen Tschaminspitze und den nördlichen Türmen von Vajolet. Uralte von Wintersturm und Hochwettern zerrissene Zirbeln umsäumen das Felsgebilde des Tschager Kemats — darüber blinken die hellen Kare des Purgametsch zu Füßen des Rosengartens, dessen abendliche Glut in Tausende von Menschenherzen hineinleuchtet, um in Liedern fortzuleben, die selbst in fernen Landen in Sehnsucht nach König Laurins Bergen nie verklingen.

Luis Oberrauch (in „Prisma", Zeitschrift des Südtiroler Künstlerbundes)

Kesselkogel, Vajolettürme und Rosengartenspitze (von links) hoch über dem Nebelmeer.

Im stillen Tschamintal

Von Weißlahnbad ausgehend kann man, nach Überwindung einer Steilstufe, hineinwandern in die Ursprünglichkeit des Tschamintales und seiner Verzweigungen.
Linksseitig, in das Schlerngebiet führend, steigen tiefeingeschnittene Schluchten steil empor: Bärenfalle, Jungbrunnental, Plötschental und das Bärenloch.
Der am Talausgang tosende Tschaminbach fließt in seinem oberen Lauf noch ruhiger dahin und, was merkwürdig erscheint, er verschwindet beim rechten Leger für eine Weile unter dem Bachbett. Nur bei Gewittern, ja schon beim Anzug derselben, bleibt er auch in diesem Abschnitt an der Oberfläche. Niemand konnte bisher dieses Phänomen erklären.
Wer auf dem heutigen Weg ins Tschamintal wandert, ahnt wohl nicht, wie nahe von ihm sich eine aufregend schöne Klamm (Felsenschlucht mit Wasserlauf) verbirgt, wie wir sie in Südtirol nur ganz selten finden. Diese Felsenhöhle, durch die der Tschaminbach seinen Lauf nimmt, liegt ungefähr 1 km hinter der Tschaminschwaige und hat eine Länge von 450 m. Sie ist dadurch entstanden, daß sicher erst in historischer Zeit ein gewaltiger Bergsturz das tief ausgehöhlte Bachbett verschüttet hat und so zu dieser eigenartigen Höhlenbildung führte.
Es ist schon ein prächtiges Schauspiel, wenn man vor dem Eingang steht und sieht, wie der kristallklare Bach in den finsteren Rachen der Höhle hineinstürzt und dort unter Tosen und Rauschen in der grausamen Tiefe verschwindet.
Dr. Franz Braitenberg und Otto Eisenstecken aus Bozen, sowie Franz Obkircher vom Bergrettungsdienst Tiers und der Feuerwehrhauptmann Karl Villgrattner haben diese teilweise sehr enge, mit interessanten Vereisungsgebilden versehene Klamm, unter mancherlei Schwierigkeiten am 21. Oktober 1962 in 3½ Stunden durchgangen und erforscht (bebilderter Bericht in der Zeitschrift „Der Schlern“, Bozen, Jg. 1964, S. 19—25).
Es ist nur zu hoffen, daß diese Klamm auch einmal für den Fremdenverkehr erschlossen werden möge. Bis dahin ist von einem eigenmächtigen Durchstieg der Klamm abzuraten.
Nähere Auskünfte erteilt gerne Franz Obkircher, „Roderer“, Tiers.
Das Tschamintal wird auf einer Seite von jäh aufsteigenden Felswänden umsäumt, in denen noch Adler horsten, während

die Schattenseite steile Waldhänge aufweist, die von Gemsenrudeln belebt sind.

Inmitten dieses romantischen Tales stehen einsam auf den Waldlichtungen im Talgrund die Hütten des Schaferlegers und des rechten Legers, welche im Sommer den Hirten als Unterkunft dienen. Vom zweiten Leger aus hat man einen Blick in den überwältigend kühnen Talschluß.

»Nicht ein einziges Tal sämtlicher Kalkalpen ist gleich wild und schön wie das Tschamintal . . .« (Heinrich Noë).

Die schroff emporragenden schlanken Felsen der Grasleitentürme, rechts davon die Valbonnadeln, die Sattel- und Tschaminspitzen fesseln unseren Blick und reizen uns, das Tal mit seinen Naturwundern zu erwandern. Saftig stehen Lattich und Gräser, Akeleien, Fingerhut und viele andere Blüten in den Gründen, wo die Wälder enden und der schroffe Fels an den grünen

Waldboden ansteht. Hier sprudeln die Quellen und zeigen sich Salamander, Schlangen und anderes Getier.
Hinter dem rechten Leger, wo links das Bärenloch zum Tierser Alpl führt, zieht rechts das Grasleitental weiter, bis es im Grasleitenkessel endet. Von diesem Kessel schrieb 1880 Heinrich Noë: *„Schwerlich wird man irgendwo in den Alpen ein Bild der Größe und Erhabenheit, der Ruhe und des fast überirdischen Glanzes antreffen, welches dem des Grasleitenkessels auch nur annähernd gleicht. Geröllhalden ziehen sich ringsum von den Felstürmen herab. Kein Halm, keine Blüte, soweit das Auge reicht, nichts als blendendes Gestein. Alle möglichen Abstufungen des Grau und Gelb finden sich hier an den lotrechten Wänden. Schneebedecktes Eis zieht sich von den Geröllhalden des Antermoja- und Grasleitensattels herab in dieses Felsenpanorama, auf das mächtige Felsblöcke herabgekollert sind."* Und vom Tschamintal sagt er: *„Nicht ein einziges Tal sämtlicher Kalkalpen ist gleich schön und wild, wie das Tschamintal. Statt der Wasserfälle, die in Schiefergebirgen über Wände herabstäuben, dringen Quellen aus dem Felsengestell des Schlern."*

Der geologische Aufbau des Tierser Tales

Das Tierser Tal hat eine sehr mannigfaltige geologische Zusammensetzung.
Die Steilhänge entlang der Straße von Blumau bis Breien sind aus Porphyr gebildet. Gleich hinter Blumau, am oberen Lauf des Katzenbaches (ca. eine halbe Stunde Fußweg von der Tierser Straße entfernt) finden sich Erdpyramiden, die man am besten von Steinegg aus erreicht. Sie bestehen aus festem Moränenlehm, der mit Steinblöcken überdacht ist. Nur unter diesen Steinblöcken konnte der Lehm den Ausschwemmungen des Regenwassers standhalten.
Ab Breien treten die Felswände entlang der Straße und dem Breibach zurück, das Tal weitet sich und gibt schließlich den Blick zum Rosengarten frei. Hier zeigt das Tal die von Eiszeitgletschern stammende Trogform. Beträchtliche Aufschüttungen von Moränenschotter zeugen von dieser Zeit. Erratische Blöcke, oder Findlinge fremder Gesteinsarten, die während der Eiszeit vom Eisstrom mitgeführt und nach dem Abschmelzen hin und hin zurückgelassen wurden, findet man bis hinauf auf

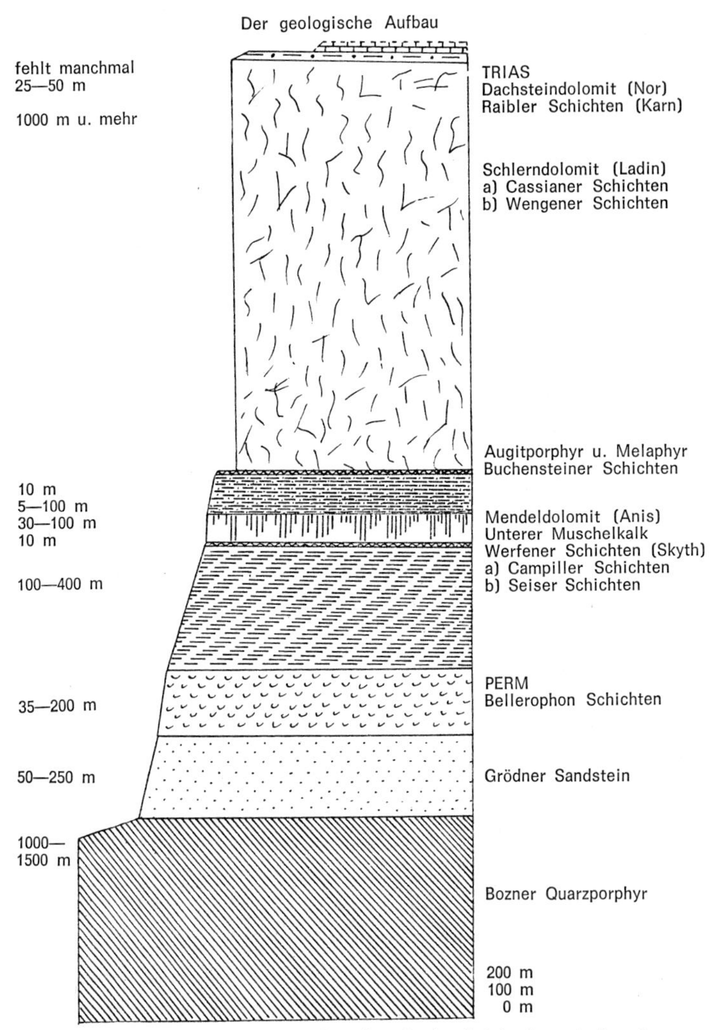

In den östlichen Dolomiten liegen über dem Dachsteindolomit noch Breccien-Konglomerate, Untere Jurakalke, Rote Ammonitenkalke und Mergelkalke.

Dr. Klaus Raffeiner

die höchsten Almwiesen am Fuße des Rosengartens. Sie bezeugen, daß der Eisack- und Etschgletscher bis auf eine Höhe von 2200 bis 2250 m reichte. Hätte in jenen fernen Zeiten ein Beobachter vom Schlernplateau aus seinen Blick über dieses starre Eismeer hinausschweifen lassen können, so hätte er nur die höchsten Berge mit ihren Gipfeln einige hundert Meter herausragen sehen.

In das Gemenge von Kalkstein, grauen, roten und grünen Porphyrblöcken, rotem Sandstein, Schiefer und Granit, das nach dem Abschmelzen der Gletscher übrig blieb, schnitten die Bäche tiefe Furchen ein. Der Hauptbach hat bereits größtenteils den Porphyrgrund erreicht.

An den Bergen rund um Tiers kann man beispielhaft in einer einmaligen Weise den Aufbau der Dolomiten studieren.
An den Bozner Quarzporphyr, der die Grundlage der Dolomiten bildet, schließt der Grödner Sandstein an. Er stammt aus der Permperiode und besteht aus Quarzphyllit, Porphyrkonglomeraten und rotem Sandstein. Lange vor der Eiszeit, ungefähr vor 190 Millionen Jahren, in der Triasperiode der Erdgeschichte, war das Gebiet von Tiers wie ganz Südtirol vom großen Mittelmeer (Tethysmeer) überflutet. In dieser Zeit bauten kalkausscheidende Meerestierchen und Algen auf dem Porphyruntergrund, der durch Vulkanergüsse entstanden war, die gewaltigen Berge im Hintergrund des Tales auf. Aus den Ausscheidungen der Korallen und Kalkalgen entstand der Kalkschlamm.

Korallen sind kleine Meerestierchen. Ihr Körperchen ist schlauchartig. Die Mundöffnung ist von winzigen Fangarmen umstellt. Der Fuß scheidet eine sternförmige Kalkplatte ab, die dem Tierchen festen Halt gibt. Kalkalgen sind kleine Pflänzchen. Jede Alge steckt in einem winzigen Kalkröhrchen.
Jahrtausendelang wogten die Fluten des Meeres. Die Kalkgerüste der abgestorbenen Tiere und Pflänzchen fielen zu Milliarden zwischen die Bauten der Korallen auf den Meeresgrund. Die Brandung des Meeres schüttelte die kleinen Gehäuse durcheinander und zerrieb sie zu Kalkschlamm.
Durch das Absetzen ungeheurer Mengen solchen Schlammes drückten die oberen Schichten auf die unteren, so daß diese zu Gestein erhärteten. Das Bittersalz, das im Meer stets aufgelöst enthalten ist, wirkte auf den kohlensauren Kalk ein und verwandelte ihn in Dolomit. So entstand das harte Dolomitgestein.

Allenthalben sind in Tiers interessante geologische Aufschlüsse zu sehen.

Als tiefstgelegene marine Ablagerungen gelten die Bellerophonschichten, die von den Werfener Schichten, welche zu Beginn der Triasperiode entstanden, überlagert werden.
Darauffolgende Muschelkalkablagerungen trennen diese Schichten vom Mendeldolomit. Die darüberliegenden Buchensteiner Schichten gingen in die König-Laurin-Sage als „Straße des Theoderich" ein. Daran schließen sich Melaphyre und Augitporphyre an, die in den Schlerndolomit übergehen. Nachdem sich das Meer zurückgezogen hatte, legte sich auf den Schlern noch eine stark tonhaltige, wasserabhaltende Lagerung, die Raibler Schichten, die ihn vor Verwitterung schützten. Daher hat der Schlern noch heute die kompakte Form, während das Rosengartengebirge — dem diese Schichten fehlen — verwittert und zerklüftet wurde.
Eine geologische Störungslinie, die sogenannte Tierser Linie, weist einen Vertikalsprung mit West-Ost-Verlauf auf. Sie entstand durch die Heraushebung des Schlerndolomits, die sich auch auf die Porphyrplatte auswirkte und eine starke Abtragung am Rosengarten bewirkte.

An einigen Stellen in Tiers kann man nahezu den ganzen Aufbau der Dolomiten verfolgen, deren schematisch angedeutete Schichtlage unser Profil auf Seite 21 zeigt. Wenn man in der Fraktion Breien am Ritztal steht, bietet sich direkt ein Blick zum Tschafon, der hier zumindest bis zu den Werfener Schichten hinauf das gesamte Spektrum von Gesteinslagen offenbar werden läßt.

Der Sammelname „Dolomiten" rührt davon her, daß die damit bezeichnete Gebirgslandschaft zu einem großen Teil aus Kalkgestein mit einem bestimmten Magnesiumgehalt besteht, auf das erstmalig der französische Naturforscher Dolomieu im Jahre 1791 aufmerksam gemacht hat. Nach ihm wurde seither diese Gesteinsart bezeichnet.

Im gesamten Rosengartengebiet, am Schlern und Tschafon findet der aufmerksame Wanderer nicht selten versteinerte Schalen und Gehäuse von Meerestieren, manchmal auch sternförmige Fußplatten der Korallen oder die Röhrchen von winzigen Meerespflänzchen, den Kalkalgen.

Auch schöne, glasklare Bergkristalle sind gefunden worden.

Klima

Das Tierser Tal ist durch den Tschafon und Schlern gegen Nordwinde geschützt, im Osten durch die Tschamin- und Rosengartengruppe abgeschlossen und im Süden durch einen hohen Waldrücken begrenzt. Diese windgeschützte Lage und der Waldreichtum bedingen ein wärmeres Klima, als es der Höhenlage entsprechen würde.

Wie überall am Südhang der Alpen sind im Sommer verregnete Tage selten.

Der erste Schnee fällt durchschnittlich in der zweiten Novemberhälfte. Die Zeit der Schneeschmelze liegt zwischen Ende Februar und Mitte März. Die kürzeste Sonnenzeit im Dorf Tiers beträgt im Winter 3½ Stunden, die längste im Sommer 14 Stunden.

Ein Beweis für das angenehme Klima in Tiers ist das Gedeihen von Buchweizen *(Schwarzplenten)*, der als zweite Getreidefrucht nach dem Roggen angebaut wurde.

Der *Schwarzplenten* gibt ein grobkörniges, eher dunkles Mehl, das zum Kochen verschiedener althergebrachter Gerichte verwendet wird. Außer den *plentenen Knödeln* wird bei manchen

Bauern noch das *plentene Frigele* (eine Milchsuppe mit plentenen Kügelchen drinnen) und die *Grölln-Nudeln* gekocht. Diese werden häufig am Aschermittwoch gemacht und werden dann auch *Aschernudeln* genannt, weil dem Teig etwas geweihte Asche beigemengt wird.
Auch der *plentene Ribl* wird noch gekocht, und der *plentene Pulggn,* mit Butter und *Holler-Mula* (Holundermus) abgeschmelzt, schmeckt besonders gut.

Zur Fauna des Tierser Tales

Es ist bedauernswert, daß jeder Bericht über die heimische Tierwelt mit einem Hinweis auf „ausgestorbene Tiere" beginnen muß. Viele Sagen und Flurnamen weisen darauf hin, daß es früher in unseren Revieren sogenanntes „Großwild" gegeben hat. Über das Vorkommen von Bären erzählen die Flurnamen Bärenfalle hinter Weißlahnbad oder Bärenloch im Tschamintal. Der letzte Bär soll erst im Jahre 1882 von einem „Söllnsohn", der später Pfleger auf Völsegg war, erlegt worden sein. Das Vorkommen von Wölfen in früheren Zeiten verbürgen uns die heute noch in vielen Revieren feststellbaren Wolfsgruben. Noch sehr gut erhalten ist die Wolfsgrube auf dem Zischgl, auf einer Schneide also, wo von der Lengriederwiese aus das Gelände ganz steil gegen Tiers hin abfällt. Das Vorkommen von Hirschen beweisen Flurnamen wie Hirschenlack, Hirschmoos, Hirschenwald oder Hirschenboden. Die Tatsache, daß der Luchs in früheren Jahrhunderten in Tirol stark verbreitet war, läßt auf Wildreichtum schließen. Buchstäblich in letzter Minute ist der Fischotter ausgestorben. Andererseits muß man aber auch anerkennend darauf hinweisen, daß durch eine konsequent durchgeführte Hege von seiten der Jägerschaft mehrere Wildarten in den letzten zwanzig Jahren stark zugenommen haben. So soll es um 1850 in den Tierser Revieren keine Gemsen mehr gegeben haben. Heute sind Gamsrudel von zwanzig und mehr Stück, beispielsweise im Tschamintal, keine Seltenheit. In älterer Zeit ist vom Reh in unseren Revieren fast nie die Rede. Dies steht im Gegensatz zu dem derzeit erfreulichen Aufschwung des Rehwildbestandes in allen Revieren des Landes. Wo gute Wildbestände zu verzeichnen sind, hat sich auch der einst so gefährdete Steinadler überall stark erholt. Seit etwa 1950 hat sich das Rotwild in Südtirol wiederum erfreulich ausgebreitet und ist in den meisten Revieren — wenigstens als Wechselwild — vertreten.

Von ausschlaggebender Bedeutung für die Zusammensetzung der Tierwelt eines Tales sind die Lebensbedingungen, wie Klima, Boden und besonders die Pflanzendecke, die nicht nur Nahrung, Brut- und Nistgelegenheiten, sondern auch Schutz und Deckung bietet. Wechselseitige Beziehungen bestehen aber nicht nur zwischen den Lebewesen und ihrer unbelebten Umwelt, sondern auch zwischen den Organismen selbst, sei es daß sie sich durch Symbiose gegenseitig fördern oder daß sie sich durch Parasitismus in Schranken halten. Bestimmte Lebensräume, sogenannte Biotope, sind der Rahmen für die jeweils zugehörige Lebensgemeinschaft. Diese ökologische Betrachtungsweise zeigt, daß die Einteilung der Tiere in nützliche und schädliche nicht mehr tragbar ist, denn jede Art bildet ein Glied der Kette in der vielfältigen Lebensgemeinschaft.

Die Natur ist wie ein wunderbares Räderwerk, das auf einmal stillsteht, wenn der Mensch in seiner Maßlosigkeit Rad um Rad zerstört!

Das Tierser Tal ist noch ausgezeichnet durch eine *Vielfalt an Lebensräumen und damit auch an Lebensgemeinschaften.* Zwischen dem Schlernbach und dem Breibach wölbt sich am Fuße des Tschafons und der Völsegger Spitze ein ausgedehnter, gegen das Tierser Tal hin abfallender Rücken aus, mit St. Katharina, Völser Aicha, mit Prösels und Prösler Ried. Die südhängige Lage und die mittlere Höhe von Völser Aicha bedingen ein mildes Klima. Bis hierher reicht der für die warmen Hänge an Etsch und Eisack charakteristische *Flaumeichenbuschwald,* der viele wärmeliebende Pflanzen- und Tierarten aus dem Mittelmeerraum beherbergt. Aus der Pflanzenwelt sei auf die Vielfalt an farbenprächtigen Orchideen hingewiesen, aus der Fauna vor allem auf die Zikaden, die Gottesanbeterin oder die Smaragdeidechse. Gottesanbeterin und Smaragdeidechse erreichen in Südtirol die Nordgrenze ihrer Verbreitung. Mit seiner Futterpflanze, dem Zürgelbaum, ist der goldbraun gefärbte Zürgelfalter weit nach Norden in unser Gebiet vorgestoßen. Mit der Flaumeiche behaupten sich im Gebiet von Völser Aicha auch die Edelkastanie und die Rebe noch in Höhenlagen zwischen 700 und 900 m. Neben Kirschen und Walnüssen, Kastanien und Maulbeerbäumen ducken sich auch Feigenbäume an die weißen Hausmauern der Gehöfte von Unteraicha. An den Südhängen gedeihen aber auch Zwetschgen-, Apfel-, Pfirsich- und Birnenbäume. An den kahlen Porphyrfelsen oder an den mit vielen

Jungfüchse vor ihrem Bau

Fugen durchsetzten Steinmauern lebt die Mauereidechse, die beispielsweise in Nordtirol nur inselartig vorkommt. Felsige trockene Abhänge, die mit Hecken und Buschwerk bewachsen sind, bevorzugt die Königin unter den heimischen Echsen, die Smaragdeidechse. An südlichen Schlangenarten seien für dieses Gebiet lediglich die ungiftige Äskulapnatter und die schwarze Zornnatter genannt. Stark zurückgegangen sind die für heiße und buschreiche Porphyrhänge so charakteristischen Steinhühner, seit Jahren als ganz verschwunden gelten leider auch die Rebhühner. Das Haselhuhn ist in diesen mit Hecken und Laubbäumen durchsetzten Mittellagen, besonders im Herbst, zu sehen. Nicht gerade den besten Ruf genießt bei den Weinbauern der als „Gleyr" bekannte Siebenschläfer. Die Nachtigall läßt ebenso wie das „Schwarzplättchen" (Mönchsgrasmücke) im Eichenbuschwald und in Hecken die kräftige Stimme hören und auf den steppenartigen Grasinseln fliegt neben dem Ortolan auch die Zippammer, ein echtes Kind des Südens. So stellt also der submediterrane Eichenbuschwald auf den sonnigen Lagen von Völser Aicha mit seinen farbenprächtigen Floren- und Faunenelementen südlicher Herkunft ein besonderes Landschaftsjuwel des Tierser Tales dar, das es unbedingt zu erhalten gilt.

Völlig anders zusammengesetzt ist die Fauna im nahe gelegenen stillen *Tschamintal.* Auf wenige Kilometer entfernt erlebt man ganz scharf die Grenze zwischen dem rauhen, kalten Gebirgsklima und dem milden, sonnigen Süden. Steinadler und Gemse, Schneehase und Schneehuhn leben nicht weit entfernt vom Reich der Smaragdeidechse und der Zornnatter. Diese Überschneidung mediterraner Arten mit typisch alpinen Vertretern ist ein besonderes Kennzeichen nicht nur des Etsch- und des südlichen Eisacktales, sondern — auf besonders engem Raume — auch des Tierser Tales. Es kann mit besonderer Genugtuung darauf hingewiesen werden, daß das an Ursprünglichkeit und Ruhe besonders reich gesegnete Tschamintal seit 1974 in den Naturpark Schlern eingeschlossen worden ist und daher einen besonderen Schutz unterstellt ist. Während die Schattenseite des Tschamintales steile Waldhänge aufweist, die von Gamsrudeln besonders bevorzugt werden, ragen auf der gegenüberliegenden Seite steile Felswände auf, in denen noch der Steinadler horstet. Hier sprudeln allenthalben Quellen, der tosende Tschaminbach verschwindet beim rechten Leger für eine Weile unter dem Bachbett. Als eigenen Beitrag zur Gründung des Naturparkes Schlern haben die Jäger der daran beteiligten Reviere (Völs, Kastelruth und Tiers) einen Gamshegering gebildet mit dem Ziel, gemeinsam — über die Reviergrenzen hinweg — Zählungen durchzuführen und eine großräumige Hege zu betreiben. Das Gamswild hält sich — der Jahreszeit entsprechend — vor allem um den Schlernstock auf, daneben kommt es inselartig auch in den Vorbergen und Mittelgebirgslagen vor.

Die Haupteinstände jedoch liegen im Tschamintal. Die gemeinsamen Zählungen ergaben auf einer Fläche von 20.000 ha ca. tausend Stück Gamswild, wobei allerdings das Gamswuchsgebiet um den Schlern lediglich 6000 ha beträgt. Das Gamswild sucht den Einstand, in dem es am besten leben kann.

Wird der Druck zu groß, so wandert es als Folge von Äsungsmangel ab, außerdem führt dies zu starken Gewichtsrückgängen. Das Ziel der Gamshege ist ein sozial gut gegliederter Bestand mit schönen Trophäen. Ein nicht zu ersetzender Regulator des Gamswildes ist der Steinadler, der also im Tschamintal und im ganzen Schlerngebiet besonders gefördert werden muß. Da alle Eulenarten und Taggreife (Habicht, Sperber, Bussarde) stark zurückgehen, sollte man dem sogenannten »Raubwild« wie Marder, Fuchs oder Wiesel — zumindest in der Wurf- und Setzzeit — einen angemessenen Schutz zuerkennen, denn letztlich regulieren diese Arten wiederum andere und halten sie damit in Schach. Dasselbe gilt für den überall stark zunehmenden Kolkraben, der sich in erster Linie von Aas ernährt. Die alpinen Matten im Schlerngebiet bewohnen Wasserpieper und Alpenbraunelle und in höheren Lagen Schneefink und Alpenschneehuhn, die zusammen mit dem für Felspartien typischen Hausrotschwanz die höchsten Meereshöhen als Brutvögel erreichen. An stark von Touristen begangenen Gipfeln finden sich die Alpendohlen ein. Die mächtigen Wände des Schlerndolomits haben während der stärksten eiszeitlichen Vergletscherungen das Eisstromnetz überragt. Daher sind mehrere Tier- und Pflanzenarten in ihrer Verbreitung nur auf bestimmte Zonen oberhalb des pleistozänen Eisstromnetzes beschränkt, sie sind also endemisch. Dazu zählen Arten von Regenwürmern, Trugskorpionen, von Spinnen, Käfern und Springschwänzen, von Schmetterlingen und Zweiflüglern. Die Fauna der Dolomiten ist durch einen beachtlichen Reichtum von Endemiten ausgezeichnet.

Die Heckenlandschaft und der Wald bilden einen wesentlichen Lebensraum im Tierser Tal. Auf dem Tschafon, im Tschamintal und auf dem Gemeindeeck (Niger bis Wolfsgrube) kommen Birkhähne, weniger zahlreich auch Auerwild vor. Ausgesprochene Rückzugsräume für viele Tierarten sind der Bergmischwald und zusammenhängende, wenig beunruhigte Waldkomplexe. Besonders kennzeichnend für solche Bergmischwälder sind Sperlings- und Rauhfußkauz, Schwarzspecht und Dreizehenspecht, Tannenhäher und Ringdrossel, Weidenmeise und Berglaubsänger sowie an den Rändern auch Zitronen- und Birkenzeisig. Die am weißen, halbmondförmigen Brustschild leicht erkennbare Ringdrossel ist im Tierser Tal wohl der häufigste Vogel der höheren Waldregionen, aber auch des Latschengürtels. Im Frühjahr kann man sie auch in tieferen Lagen, beispielsweise auf den prächtigen Lärchengruppen oder auf den Wiesen neben dem Mungadoierhof beobachten. Den hohen Waldanteil des Tierser Tales dokumentiert auch die Verbreitung der Meisen. In tieferen Lagen dominiert die Tannenmeise, in höheren Gebieten und in Zonen mit starkem Überwiegen der Fichte die Haubenmeise. Nicht selten bekommt man auch besonders kleine, zierliche Singvögel vor Gesicht, nämlich Winter- und Sommergoldhähnchen. Die vielen Touristen sowie insbesondere die Pilzsucher, die sich an kein Wegenetz halten, beunruhigen das heimische Wild — besonders zur Brut- und Setzzeit — in zunehmendem Maße. Auf diese Weise werden aber auch Auerhahnküken zertreten oder versprengt.

Im Tierser Tal spielen *Fließgewässer,* insbesondere Gebirgsbachstrecken, eine besondere Rolle. An das Wasser gebunden sind die Wasserspitzmaus oder die weit ins Gebirge aufsteigende Wasseramsel. Die weiße Bachstelze und die vorwiegend gelb gefärbte Gebirgsbachstelze kommen oft genug auch dort vor, wo kein Wasser vorhanden ist, im Tal und auch noch über der Waldgrenze. In Bachauen mit Erlen- und Weidenbeständen leben Schnecken vor allem im feuchten Moos und Käfer im Ufergeröll sowie in den nassen Ufersanden. Hier finden auch Forellen und Bachsaiblinge geeignete Laichplätze. Die Entwicklung der Lebewelt in den fließenden Gewässern wird leider durch die Regulierung der Bäche, durch Schottergewinnung und vor allem durch die Wasserverschmutzung gehemmt oder ganz lahmgelegt. Kleingewässer, wie feuchte Wiesen, Moore, Tümpel oder Weiher sind ebenfalls mit den an sie gebundenen Tierarten bedroht.

Im Gegensatz zu den Kulturflüchtern machen sich viele Tiere die *Siedlungen des Menschen* zunutze. Solche Kultursucher sind im Tierser Tal beispielsweise Fledermäuse, Dachs und Feldhasen, aber auch viele Vogelarten. Die Schwalben finden als ursprüngliche Felsenbrüter an Häusern und Städeln günstige Nistmöglichkeiten. Sperlinge brüten unter Dächern, in Mauernischen oder alten Gemäuern. Mauersegler beherrschen den ganzen Sommer hindurch unsere Siedlungen, Alpensegler dagegen fliegen in höheren Lagen des Schlernmassivs. Der Star hat sich als Höhlenbrüter überall stark ausgebreitet. Buch- und Grünfinken, Spechte und Kleiber, Amseln, Rotschwänzchen oder Rotkehlchen beleben besonders im Winter Gärten und Futterhäuschen. Wenn Wiesen von Hecken eingesäumt sind, dann ist die Brutvogeldichte weit höher als auf baumlosen Grasflächen. Auf Viehweiden oder feuchten Streuwiesen kommen Braunkehlchen, Wiesenpieper, Feldlerchen, auf Äckern Goldammern und bei Anwesenheit von Büschen auch Neuntöter sowie Grasmücken vor.

Die Vielfalt an Landschaftsgliederung und damit auch an Tiergemeinschaften ist also ein besonderes Kennzeichen des Tierser Tales. In der Erforschung der heimischen Fauna könnten sich noch manche Jugendliche von Tiers einige Lorbeeren verdienen. Allen um die Zukunft des Tierser Tales Verantwortlichen möchte ich aber zurufen: Achtet darauf, daß die Landschaft im Namen des Fortschritts und kurzfristiger Profitgier nicht verplant und zu Tode „saniert" wird. Naturnahe, vielfältige Gebiete mit vielen Pflanzen- und Tierarten gilt es für die Zukunft zu erhalten, denn sie erhalten auf lange Sicht die ganze Landschaft am Leben!

Dr. Peter Ortner

Unsere Pflanzenwelt

Das Tierser Gebiet ist überaus reich an Pflanzen. Im Jahre 1973 konnten insgesamt 479 Arten bestimmt werden. Es ist unmöglich, im Tierser Gebietsführer alle diese Arten anzuführen. Darum wird im folgenden eine Aufstellung der Familien und der in den Familien bestimmten Arten gegeben. Außerdem werden unter den einzelnen Familien jene Arten genannt, die für Ortsbewohner und Gäste von Interesse sein können. Vorher aber muß sehr eindringlich gebeten werden, daß alle, Ortsbewohner und Gäste, die Pflanzen schützen und schonen, wo immer das möglich ist. Verwiesen wird insbesondere auf die »Bestimmungen zum Schutz der Pilze und der Alpenflora“ der Autonomen Provinz Bozen-Südtirol, Assessorat für Umweltschutz. Danach sind folgende Pflanzenarten absolut und mit allen Teilen geschützt:

1. **Alle einheimischen Arten von Kuhschellen (z.B. Schwefelanemone, Pelzanemone)**
2. **Dolomitenakelei**
3. **Großes Schneeglöckchen (Frühlingsknotenblume)**
4. **Türkenbund**
5. **Feuerlilie**
6. **Alle einheimischen Orchideen (z. B. Weiße Waldhyazinthe, Schwarzes Kohlröschen [Braunelle], Frauenschuh)**
7. **Alle einheimischen Arten von Seidelbast und Steinröserl**
8. **Kartäusernelke**
9. **Gemeine Spechtwurz**
10. **Alle Primeln und Schlüsselblumen (z. B. Aurikel [Platenigel], außer der Frühlingsschlüsselblume)**
11. **Alpenveilchen (Erdscheibe)**
12. **Schlernhexe (Alpen-Grasnelke)**
13. **Alle einheimischen Arten von Enzian (z. B. Punktierter Enzian, Großblütiger Enzian, Gelber Enzian)**
14. **Weiße Seerose**
15. **Gelbe Schwertlilie**
16. **Alle einheimischen Arten von Rohrkolben (z. B. schmalblättriger Rohrkolben)**
17. **Gelbe Teichrose**
18. **Teufelskralle (Schopf-Rapunzel)**
19. **Himmelsherold**

20. **Dolomitenschafgarbe**
21. **Edelweiß**
22. **Echte Edelraute**
23. **Mäusedorn**

Von allen anderen nicht genannten Arten dürfen je Person und Tag höchstens 10 Blütenstände bzw. Blüten gepflückt werden, gleichgültig ob von einer oder von mehreren Arten.
Hier folgen nun die Pflanzenfamilien, die im Tierser Tal bestimmt wurden, einschließlich jener, die absolut geschützt sind.

1. **Liliengewächse:** 19 Arten; davon nennen wir die Feuerlilie, Türkenbundlilie, den Berglauch, den Alpengoldstern, die Herbstzeitlose (sehr giftig), Weißer Germer (sehr giftig), Maiglöckchen (giftig), Ästige Graslilie, Salomonssiegel, Quirlblättrige Weißwurz, Weißblütiger Safran (Krokus).
2. **Gräser:** Eine ungewöhnliche Zahl von Gräsern, davon zwei sehr auffällige: das Alpenrispengras (lebendgebärend) und das Schmalblättrige Wollgras (Sumpfgebiete).
3. **Orchideen:** bestimmt wurden 23 Arten. Wir erwähnen die Dunkelrote Sumpfwurz, das Große Zweiblatt, den Frauenschuh, das Rote und Weiße Waldvöglein, die Vogelnestwurze, das Schwarze und Rote Kohlröschen, die Händelwurz (zwei Arten), die Fliegenragwurz, das Knabenkraut (5 Arten).
4. **Knöterichgewächse:** bestimmt wurden 7 Arten, darunter Ampfer (4 Arten), Knöterich.
5. **Wolfsmilchgewächse:** 1 Art,-Zypressenwolfsmilch.
6. **Nelkengewächse:** bestimmt wurden 22 Arten, davon Nelke (3 Arten), Lichtnelke (2 Arten), Leimkraut (8 Arten), Kriechendes Gipskraut, Rotes Seifenkraut, Taubenkropf.
7. **Hahnenfußgewächse:** bestimmt wurden 22 Arten, wir nennen Sumpfdotterblume, Hahnenfuß (5 Arten), Küchenschelle, Tiroler Windröschen, Leberblümchen, Trollblume, Akelei (3 Arten), Eisenhut (4 Arten: alle sehr giftig), Wilde Pfingstrose, Alpenrebe.
8. **Mohngewächse:** 1 Art: Bündner Alpenmohn.
9. **Sauerdorngewächse:** 1 Art: Sauerdorn (reich an Vitamin C).
10. **Kreuzblütler:** 14 Arten wurden bestimmt. Wir nennen: Schaumkraut (5 Arten), Ausdauerndes Silberblatt (Judaspfennig), Brillenschötchen.
11. **Dickblattgewächse:** 9 Arten wurden bestimmt, darunter Fett-

Alpen-Soldanelle

henne (6 Arten), Hauswurz (3 Arten: wir nennen Dolomitenhauswurz).

12. **Steinbrechgewächse:** bestimmt wurden 11 Arten, darunter Steinbrech (10 Arten).
13. **Rosengewächse:** bestimmt wurden 22 Arten, wir nennen davon die Rose (bes. Alpenrose, ohne Stacheln), Brombeere (3 Arten), Erdbeere (Wald- und Hügelerdbeere), Nelkenwurz (3 Arten: Kriechende-, Berg- und Bach-Nelkenwurz), Großer Wiesenkopf, Silberwurz, Fingerkraut (4 Arten, bes. Dolomitenfingerkraut), Frauenmantel (2 Arten), Waldziegenbart, Gemeine Felsenbirne.
14. **Schmetterlingsblütler** (35 Arten): Hauhechel, besonders Gelber Hauhechel, Klee (10 Arten), Wundklee mit drei Unterarten, Spargelerbse, Tragant (6 Arten), Spitzkiel (5 Arten), Kronwicke, Esparsette, Platterbse (4 Arten), Wicke (3 Arten).
15. **Sauerkleegewächse:** Gemeiner Sauerklee.
16. **Storchschnabelgewächse:** bestimmt wurden 8 Arten, davon Storchschnabel (7 Arten), Reiherschnabel.
17. **Leingewächse:** Lein (2 Arten).
18. **Kreuzblumengewächse:** Kreuzblume mit 5 Arten vertreten.
19. **Hartheugewächse:** Johanniskraut (3 Arten).
20. **Malvengewächse:** Gemeine Käsepappel.
21. **Zistrosengewächse:** Sonnenröschen (2 Arten).
22. **Veilchengewächse:** 5 Arten, davon Veilchen 3.
23. **Seidelbastgewächse:** 3 Arten: Gemeiner Seidelbast, Kahles Steinrösel, Rosmarin-Steinrösel (alle 3 sehr giftig).
24. **Weiderichgewächse:** Blutweiderich.
25. **Nachtkerzengewächse:** 3 Arten: Weidenröschen: Wald-, Quirlblättriges und Alpenweidenröschen.
26. **Doldengewächse:** 13 Arten wurden bestimmt, davon Bibernelle (2 Arten), Brustwurz (Angelika: 2 Arten), Bärenklau, Kümmel.
27. **Heidekrautgewächse:** 8 Arten wurden bestimmt, davon Alpenrose (rostrote), Almrausch, Erika, Gemeines Heidekraut, Heidelbeere (Blaubeere) und Preiselbeere.
28. **Wintergrüngewächse:** 5 Arten.
29. **Primelgewächse:** 14 Arten wurden bestimmt, davon Primel (6 Arten), Mannsschild (2 Arten), Alpenglöcklein (4 Arten).
30. **Enziangewächse:** 18 Arten wurden bestimmt, davon Enzian (17 Arten).

31. **Schwalbwurzgewächse:** Schwalbwurz (giftig).
32. **Bleiwurzgewächse:** Berggrasnelke.
33. **Boretschgewächse** (4 Arten): Vergißmeinnicht (bes. Alpenvergißmeinnicht), Gemeiner Natternkopf, Lungenkraut.
34. **Lippenblütler:** 27 Arten wurden bestimmt, davon Günsel (3 Arten), Brunelle (2 Arten), Salbei (3 Arten), Thymian, Bergminze (3 Arten), Minze (3 Arten). Sehr viele Arten sind Heilpflanzen.
35. **Nachtschattengewächse:** 3 Arten wurden bestimmt, davon Tollkirsche (giftig), Schwarzes Bilsenkraut (sehr giftig).
36. **Braunwurzgewächse:** bestimmt wurden 28 Arten, davon Königskerze (3 Arten), Ehrenpreis (7 Arten), Wachtelweizen (3 Arten), Klappertopf (2 Arten), Augentrost (4 Arten), Läusekraut (7 Arten).
37. **Sommerwurzgewächse:** Sommerwurz (2 Arten; ohne Blattgrün, Schmarotzer auf Wiesenpflanzen).
38. **Kugelblumengewächse:** Kugelblume (kleiner Zwergstrauch).
39. **Labkrautgewächse:** Labkraut (2 Arten), bes. Südtiroler Labkraut.
40. **Baldriangewächse:** Baldrian (5 Arten, davon als Heilpflanze der Gebräuchliche Baldrian).
41. **Geisblattgewächse:** 4 Arten wurden bestimmt, davon Geisblatt (3 Arten, Strauch), Traubenholunder (rote Beeren, giftig).
42. **Kardengewächse:** Skabiose (2 Arten).
43. **Glockenblumengewächse:** 19 Arten wurden bestimmt, davon Glockenblume (11 Arten), Teufelskralle (8 Arten), Dolomitenglockenblume.
44. **Korbblütler:** 63 Arten wurden bestimmt, davon Katzenpfötchen (2 Arten), Alpenaster, Edelweiß, Schafgarbe (5 Arten), Wucherblume (3 Arten), Edelraute (3 Arten), Pestwurz (2 Arten), Alpendost (2 Arten), Gemswurz (3 Arten), Arnika, Eberwurz (Silberdistel), Distel (2 Arten), Kratzdistel (5 Arten), Flockenblume (5 Arten), Alpenmilchlattich, Pippau (2 Arten: bes. Goldpippau), Habichtskraut (4 Arten).

Kann auch durch diese nüchterne Aufstellung nicht die ganze Pracht und Schönheit unseres Gebietes dargestellt und den Interessierten nicht die nötige Anleitung zur Bestimmung der

Pflanzen vermittelt werden, so wollten wir doch den Reichtum der Natur in kurzer Form darstellen. Für die an einer Bestimmung von Pflanzen interessierten Personen verweisen wir auf folgende Literatur: Kohlhaupt, Paula, und Reisigl, Herbert: Blumenwelt der Dolomiten, Bozen 1974

Pitschmann, Hans, und Reisigl, Herbert: Flora der Südalpen, Stuttgart 1965

Hegi-Merxmüller: Alpenflora, München 1963, u. a.

Sammeln von Pilzen

In Tiers ist, laut einer Verordnung des Bürgermeisters, das Pilzesammeln verboten, da einzelne Pilzarten vom Aussterben bedroht sind. Das Verbot gilt nicht für die Bürger von Tiers, die in den Tierser Wäldern Nutzungsrechte haben.
Für Südtirol allgemein gelten die Bestimmungen zum Schutze der Pilze, die im Landesgesetz vom 28. Juni 1972, Nr. 12, enthalten sind, laut dem auf Flächen, „die einer Verfügungsbeschränkung aus hydrologischen Gründen unterliegen" je Tag und Person höchstens zwei Kilogramm Pilze gesammelt werden dürfen, sofern es der Grundeigentümer nicht untersagt. Dabei wird kein Unterschied getroffen, ob es sich um eßbare oder nicht eßbare Pilze handelt.

Naturschutzgebote

Das folgende Gedicht eines unbekannten Verfassers, das in einer mecklenburgischen Zeitung erschien, verdient auch hierzulande beherzigt zu werden.

Nicht im Gras und in den Saaten
darfst du wie im Wasser waten;
müßten sie zertreten sein,
ging der Bauer selbst hinein.

Blüt' und Blum' am Strauch im Grase
kann man riechen mit der Nase;
schau nicht mit den Händen an,
was man mit den Augen kann.

Eine Blume auf dem Hut
macht sich an und für sich gut;
nur der Ochs will viele schmecken,
rupft sie auch zu anderen Zwecken.

Kleines Viehzeug lasse leben,
dich ergötzt sein Tun und Streben;
sperr's in keinen Käfig ein,
sollt' es auch „aus Liebe" sein!

Äst das Reh im Wiesengrund,
gehe leise, halt den Mund!
Du gefällst, das glaube mir,
nicht so gut ihm, wie es dir.

Denk, daß Tiere barfuß schreiten,
Flaschenscherben Schmerz bereiten!
Sagt dir das nicht der Verstand,
drück' sie selbst dir in die Hand.

Flaschen, Tüten, Packpapier
sind dem Walde keine Zier;
bringst du sie gefüllt bis her,
trägst du heim sie auch nicht schwer.

Johlen, Schreien sei vermieden,
denn es stört den Waldesfrieden,
wenn ihn das Gebrüll durchhallt:
„Wer hat dich, du schöner Wald . . .“?

Wissen sollen stets die andern,
die nach uns des Weges wandern:
der vorher gegangen war
war Kulturmensch, nicht Barbar!

NATURPARK SCHLERN

Die Landesregierung hat in den letzten Jahren in Südtirol vier Naturparks errichtet. Diese Gebiete (Schlern, Texelgruppe, Puez-Geisler und Fanes-Sennes-Prags) sind wegen ihrer naturkundlichen und landschaftlichen Schönheit von großer Bedeutung. Der Schlern, von den Bergsteigern auch Schicksalsberg genannt und „Hausberg“ der umliegenden Gemeinden, war der erste Naturpark in Südtirol, der durch ein Landesgesetz zum Naturschutzgebiet erklärt wurde. Durch das Dekret des Landeshauptmannes vom 16. 9. 74 sind die Bestimmungen betreffend den Naturpark rechtskräftig geworden. Er umfaßt eine Gesamtfläche von 6386 Hektar aus den Gemeinden Kastelruth, Völs am Schlern und Tiers. Im Gemeindegebiet von Tiers zieht sich das Schutzgebiet im Westen bis oberhalb des Dorfes herunter. Die Grenze verläuft ungefähr von Mungadoi kommend über Völsegg den Wanderweg Nr. 6 u entlang und oberhalb der Bauernhöfe nach Weißlahnbad und zur Tschaminschwaige. Von dort führt die Linie rechts über den Rücken der Dosswiesen zur Kesselschneid weiter. Die südabfallenden Felsen von der Kesselschneid über Plafetsch und Hanikker-Schwaige bis zu den Lämmerköpfen gehören auch noch zum Schlernpark. Im Osten grenzt der Naturpark direkt an das Gebiet des Fassatales bzw. an die Provinz Trient. Im Norden verläuft die Grenze quer durch die Seiser Alm.
Das Schlernmassiv ist der Mittelpunkt des nach ihm genannten Naturparkes und ist reich an Geschichte und Sagen. Heute kann man noch vorgeschichtliche Siedlungen erkennen. Es wurde nachgewiesen, daß es Kulturstätten von archäologischer Bedeutung gab. Bozner Heimatkundler haben am Burgstall verzierte Gefäßscherben aus der späteren Eisenzeit und eine römische Münze gefunden.

Die reichhaltige Flora und Fauna braucht in diesem Gebiet einen besonderen Schutz. Die schönste Zeit der Blüte ist im Monat Juli. Der Schlernstock hat viele Zugänge und kann auf allen Seiten leicht erstiegen werden. Von jeder Ortschaft aus ist es aber immer eine anstrengende Tageswanderung. So sind die meisten Wanderer froh, wenn sie am Schlernhaus oder — noch etwas höher — auf dem Gipfel des Petz angekommen sind. Daß es aber am Hochplateau die schönsten naturkundlichen Wanderungen gibt, wie z. B. zum Burgstall, zum Mull, Jungschlern oder zur Großen Weite, wissen nur wenige.
Im Naturschutzpark können bestehende Gebäude und Einrichtungen wie Wege, Lifte usw. saniert und gepflegt werden. Neue Anlagen, Erdverschiebungen oder andere Naturveränderungen sind grundsätzlich verboten. Es dürfen auch keine neuen Wanderwege erschlossen werden. Dafür sollen die bereits bestehenden ausgebaut und instand gehalten werden, so daß sie es den Touristen ermöglichen, das Gebiet zu erwandern und die Schönheiten der Natur zu erleben.
Der Naturpark bietet den Menschen jene Erholung, die sie heute als Ausgleich zum Alltagsstreß dringend notwendig haben. Damit der ausgewiesene Park auch für die Zukunft Schutzgebiet bleibt, sind natürlich Vorschriften einzuhalten.

— VERBOTEN IST IM NATURPARK jede Zerstörung von Bäumen, Sträuchern, Aufenthaltsplätzen der Tiere, Ameisenhaufen, Nist- und Brutplätze der Vögel;
— das Sammeln von Mineralien und Versteinerungen sowie das Forttragen von Baumwurzeln oder ähnliches;
— das Pflücken und Sammeln von Blumen und Pilzen jeder Art;
— das Abreißen und Mitnehmen der Latschen (Legföhren) oder anderer Zweige;
— das Lagern in Zelten oder Abstellen von Wohnwagen sowie das Anzünden von Lager- oder Grillfeuern;
— das unnütze Verursachen jeglicher Art von Lärm;
— streng verboten ist das Wegwerfen oder Liegenlassen von Papier, Plastikgegenständen, Dosen und dgl.

GESTATTET IST JEDOCH:
— Die gewöhnliche Nutzung der Land- und Forstwirtschaft;

— das Befahren der Forststraßen für landwirtschaftliche Nutzung oder mit einer eigenen Bewilligung;
— zum Schürfen und Sammeln von Mineralien kann der Bürgermeister eine Erlaubnis erteilen.

Eine genauere Beschreibung ist in der Broschüre „Naturpark Schlern", herausgegeben von der Autonomen Provinz Bozen-Südtirol, enthalten. Diese Broschüre ist im Amt für Natur- und Umweltschutz und in den Büros der Verkehrsvereine kostenlos erhältlich.

Die Sozial- und Wirtschaftsstruktur von Tiers*

Bevölkerung

Tiers steht als Gemeinde flächenmäßig mit 42,09 km² an 64. Stelle der 116 Gemeinden in Südtirol. Hinsichtlich Einwohnerzahl (814) steht Tiers an 101. Stelle. Es gehört zu den 26 Gemeinden unter 1000 Einwohnern. Durch seine Höhenlage zwischen 1000 und 1500 m fällt Tiers in jene Gruppe von Gemeinden, die zwischen 1961—1971 den geringsten Bevölkerungszuwachs hatten (ja sogar eine Bevölkerungsabnahme von 0,2%), da sie einen nicht allzu hohen Geburtenüberschuß (13,1%), jedoch eine der höchsten Abwanderungsraten (13,3%) haben.
In Tiers dürfte wegen der Stadtnähe diese Abwanderung nicht so stark sein, obwohl auch hier die prozentuelle Zunahme der Bevölkerung von 1951—71 nur 5,4% betrug (1951—65 war sie negativ).
Die Bevölkerung von Tiers ist gegenüber der des Landesdurchschnitts überaltert, wobei vor allem bei den Frauen eine starke Überalterung festzustellen ist. Die Jugend zwischen 15 und 24 Jahren hingegen ist schwach vertreten.

Altersgruppen	Bevölkerung von Tiers abs.	in %	der Provinz in %
— 4 Jahre	77	9,5	9,8
5—14 Jahre	144	17,7	18,5
15—24 Jahre	102	12,5	15,0
24—64 Jahre	374	45,9	47,4
über 64 Jahre	117	14,4	9,3
	814	100	100

* Die Daten stammen im wesentlichen von der Volkszählung 1971, geben aber ein Bild wieder, das auch noch heute in etwa zutrifft.

Der Bildungsstand der Bevölkerung hinkte bis 1971 hinter dem Landesdurchschnitt her, wie folgende Tabelle zeigt:

	Tiers in %	Prov. in %
Volksschulabschluß	85,7	75,3
Mittelschulabschluß	10,6	17,9
Matura oder Hochschule	3,7	6,8
	100	100

Mit der Einführung der Mittelschulpflicht im Jahre 1963 entstand jedoch ein wachsendes Bewußtsein der Notwendigkeit vom höheren Schulbesuch, so daß heute in Tiers verhältnismäßig mehr Jugendliche die Oberschulen besuchen als im Landesdurchschnitt (38% der 15- bis 19jährigen gegenüber 33% der 15- bis 19jährigen auf Landesebene).
Dies hat allerdings die Folge, daß die Abwanderung aus beruflichen Gründen zunehmen wird, da keine Arbeitsplätze für Berufsqualifikationen mit Höherer Schulbildung im Ort vorhanden sind und das Pendeln vielen zu kostspielig werden dürfte.

Wirtschaft

Tiers hat, wie viele Südtiroler Gemeinden, eine alte landwirtschaftliche Tradition. Schon im 12. Jahrhundert soll es in Tiers 36 Bauern gegeben haben.
Eine der Haupteinnahmsquellen von Tiers ist noch heute der Gemeinschaftswald, der heute von der jeweiligen Gemeindeverwaltung bewirtschaftet wird und dessen Einkünfte zur Dekkung der größeren Investitionen der Gemeinde verwendet werden, während noch im vorigen Jahrhundert der Überschuß der Holzeinkünfte entweder in Form von Geld oder Holz unter der Bevölkerung verteilt wurde. Auch heute beziehen die »Nutzungsberechtigten« das Holz für Bautätigkeit oder Brennmaterial zu günstigen Bedingungen.
Früher mußte die Verarbeitung des Holzes jeder selbst besorgen. Ebenso wurden die Alm- und Heimweiden von den Bauern gemeinsam in Robotschichten gepflegt. Heute gibt es eigene Wald- und Gemeindearbeiter dafür.
Für ihre Nutzungsrechte mußten die Bauern immer wieder kämpfen. Sie taten es bisher immer mit Erfolg. Als um das Jahr 1930 der italienische Bürgermeister (Podestà) den Tiersern die Nutzungsrechte streitig machen wollte, war er es, der den Prozeß gegen die Bauern verlor.

Der Stolz der Tierser Bauern waren seit jeher die großen Weiden, die einzige halbwegs rentable Wirtschaftsform in den steilen Berggebieten. Die vielen Privatalmen, die die Tierser bis hinein ins Fassatal besaßen, mußten allerdings im Lauf der Jahre aus Not oder wegen Transportschwierigkeiten verkauft werden. Heute ist der Großteil der Almen Gemeinschaftsweide. Daß das Holz aus Tiers sehr begehrt war, geht aus einem Dokument aus dem Jahre 1612 hervor, in dem von einem Protest der Binderhandwerker aus Bozen gegen das Holzausfuhrverbot aus Tiers die Rede ist. Das meiste Holz wurde jedoch in Tiers verarbeitet, wo es bei 20 Sägewerke gab. Leider sind diese Sägewerke aufgelassen und damit manch guter Arbeitsplatz aufgegeben worden.
Der Anteil der Landwirtschaft als Wirtschaftszweig ist heute zwar noch sehr groß was die landwirtschaftliche Nutzfläche betrifft (1110,42 ha Dauerwiesen und Weiden, 17,8 ha Saatbau, 1980,05 ha Waldungen, 35,82 ha andere Flächen), jedoch waren schon 1971 in Handel und Fremdenverkehr mehr Personen beschäftigt als in der Landwirtschaft. Die Quoten der Beschäftigten liegen in der Landwirtschaft, im Fremdenverkehr und in der Öffentlichen Verwaltung über dem Landesdurchschnitt; in allen anderen Sparten darunter.

Erwerbstätige in:	Tiers abs.	Tiers %	Prov. %
1. Land- und Forstwirtschaft	81	26,0	20,3
2. Industrie und Handwerk	55	17,7	20,4
3. Baugewerbe	23	7,4	9,2
4. Energie (Elektro, Gas, Wasser)	3	1,0	1,0
5. Handel und Fremdenverkehr	82	26,4	21,4
6. Transportwesen	11	3,5	5,1
7. Banken und Versicherungen	2	0,6	1,4
8. Dienste	27	8,7	13,4
9. Öffentliche Verwaltung	27	8,7	7,8
	311	100	100

Von den rund 75 bäuerlichen Betrieben leben die meisten nicht mehr ausschließlich von der Landwirtschaft. Diese Nebenerwerbsbetriebe werden zwar als selbständige geführt, so daß der Anteil der Selbständigen in Tiers gegenüber dem Landesdurchschnitt sehr hoch ist (34,5% gegenüber 22,2%), jedoch sind sie oft auch schon in einem abhängigen Arbeitsverhältnis (entweder in Tiers oder als Pendler), so daß der Anteil der

Arbeitnehmer zunimmt. Allerdings liegt der Prozentsatz der Angestellten und Arbeiter in Tiers bedeutend niedriger als im Landesdurchschnitt:

Beschäftigtenanteil an der Gesamtbevölkerung	Tiers abs.	Tiers %	Provinz %
Selbständige	107	34,5	20,2
Angestellte	52	16,5	22,3
Arbeiter	126	40,5	48,3
Mithelfende	26	8,5	7,2
Beschäftigte	311	100	100

In Tiers gibt es verhältnismäßig mehr »Erwerbstätige« [1] als in Südtirol (38% der Gesamtbevölkerung gegenüber 37% in Südtirol). Ebenso ist der Anteil der Frauen an den Erwerbstätigen in Tiers höher als auf Landesebene (30% gegenüber 27%).
Diese Zahlen sprechen dafür, die Tierser Bevölkerung als arbeitsam und fortschrittswillig zu bezeichnen. Ein gewisser Grad an Fortschrittswilligkeit läßt sich in den letzten Jahren auch aus der Zunahme der Telefonanschlüsse ablesen, die von 1961 bis 1974 von 18 auf 77 anstiegen. Das bedeutet eine vierfache Zunahme, während im selben Zeitraum auf Landesebene die Zunahme der Telefonanschlüsse nur das Doppelte betrug, in Welschnofen das 3,6fache und in Völs das 3,3fache.
Daß die Fernsehquote gegenüber dem Landesdurchschnitt bedeutend geringer ist (in Tiers gab es 1974 je 100 Einwohner 8,4 Empfänger, in Südtirol 18,2) war bisher durch die ungünstige Lage und die entsprechend erschwerte Installation von Relaisstationen bedingt.

Der Fremdenverkehr

Die bedeutendste wirtschaftliche Einnahmequelle ist der Fremdenverkehr. Hier hinkt die Gemeinde Tiers keineswegs hinter dem Landesdurchschnitt nach.
Die Zunahme der Ankünfte betrug in der Zeitspanne von 1965 bis 1975 122,3% (von 2596 auf 5772), die der Nächtigungen

[1] Zu den »Erwerbstätigen« zählt die Bevölkerung über 14 Jahren, die zum Zeitpunkt der Volkszählung einen Beruf, eine künstlerische Tätigkeit oder ein Handwerk, sei es im eigenen Namen, sei es in Abhängigkeit von anderen ausübte; zu den abhängig Arbeitsleistenden zählen auch die mithelfenden Familienangehörigen. Hausfrauen zählen zu den Familienangehörigen; außer sie arbeiten in einem Fremdenverkehrsbetrieb mit.

102,1% (von 30.439 auf 61.514). Demgegenüber haben sich die Ankünfte auf Landesebene im selben Zeitraum nicht ganz verdoppeln können (Zuwachs 80,3%), während die Nächtigungen um 128% stiegen. Nach Tiers sind also verhältnismäßig mehr Gäste gekommen, jedoch sind sie weniger lange geblieben als im Landesdurchschnitt.

Gemeinschaften und Gruppierungen

Wie wohl in den meisten Gemeinden Südtirols ist auch in Tiers traditionellerweise das Vereinsleben tief verwurzelt. 1972*) gab es 14 Wirtschaftsgemeinschaften, vier kulturelle Vereine, zwei Sportvereine, eine kirchliche Gemeinschaft, zwei politische Parteien und sechs sozial ausgerichtete Gemeinschaften. Diese 29 Gemeinschaften zählten insgesamt 1861 Mitgliedschaften bei einer Einwohnerzahl von 814. Teilt man die Vereinsmitglieder auf die Bevölkerung über 14 Jahren (594) auf, dann trifft es auf jede Person drei Vereine. Bedenkt man, daß bei den meisten Vereinen die Männer in der überzahl sind, dann ergibt sich, daß jeder erwachsene Tierser bei mindestens vier Vereinen ist.

Dieses Rechenbeispiel zeigt, welch reges soziales Leben in einem Dorf bestehen kann und wie sehr der einzelne beansprucht wird, wenn er sich engagiert. Viele kulturelle Erlebnisse, die in der Stadt gegen Bezahlung konsumiert werden können, entfallen auf dem Dorf, wenn sich nicht ein Verein oder eine Gruppe darum kümmert.

Zu den ältesten Vereinen gehören:

Der Kirchenchor (Anfänge gehen bis ins 17. Jahrhundert zurück)
die Schützen (Gründung vor 1809)
die Musikkapelle (Gründung 1836)
die Freiwillige Feuerwehr (Gründung 1897)
der Imkerverein (Gründung 1905)
die Heimatbühne (Gründung 1908)
der Fremdenverkehrsverein (Gründung 1929)

) Anläßlich einer Dorfbildungswoche erfolgte eine genaue Erhebung aller Vereine.

Die Musikkapelle wurde 1885 unter Lehrer Anton Zangerle gegründet und trägt viel zur Gestaltung des Dorflebens bei. Eine Dorfmusik bestand aber schon seit dem Jahre 1836.

Haus der Dorfgemeinschaft

Zur Pflege des Vereins- und Gemeinschaftslebens wurde in den siebziger Jahren das Haus der Dorfgemeinschaft erbaut, dem ein Kindergarten für zwei Sektionen angeschlossen ist. Während die Anregung für diesen Bau schon auf das Ende der sechziger Jahre zurückgeht, konnte erst 1975 konkret mit den Bauarbeiten begonnen werden. Bauträger ist eine Kondominiumsgemeinschaft zwischen politischer und kirchlicher Gemeinde im Verhältnis 95% — 5%. Der Kindergarten wurde Ende 1977 fertiggestellt, das übrige Gebäude Ende 1978. Die Einweihung erfolgte am 1. Oktober 1978.

Kindergarten und Haus der Dorfgemeinschaft

Das Gebäude beinhaltet folgende Räumlichkeiten:
Im Kellergeschoß:
Räume für Heizöltank, Warmwasserspeicher der Nachtstromheizung, E-Kabine und für E-Umformer der Stromnahversorgung.
Im Erdgeschoß:
Kindergarten für zwei Sektionen und Nebenräume, Heizraum, Lagerraum, Küche für Schulausspeisung.
Im ersten Obergeschoß:
Raum für Schulausspeisung, Musikproberaum, WC-Hauptanlage, Bibliothek und Chorprobelokal, Jugendraum, Sitzungssaal und Getränkekeller.
Im zweiten Obergeschoß:
Mehrzwecksaal mit Bühne, zwei Künstlergarderoben, Filmkabine und Kulissenraum.
Im Dachgeschoß:
Schießstand und Raum für Luftheizung und Entlüftungsanlage.

Geschichte

a) Ältere Geschichte

1. NAMENERKLÄRUNG:

Vom Namen Tiers gibt es verschiedene Auslegungen und Schreibweisen. Der Sprachforscher Isidor Hopfner leitet den Namen Tiers von einem rätischen Wort ab, das „Burgdorf" bedeutet und auf eine sehr alte Siedlung hinweist.
Nach Hoeffinger soll der Name von den „Türsen" oder „Tires" abstammen. So nannten die rätoromanischen Einwohner ihre neuen Herren, die eingewanderten Bajuwaren (9. Jh.).
Karl Felix Wolff leitet das Wort vom indogermanischen „digàr" *(= Ziegenweide)* ab. Das „g" zwischen zwei Vokalen fällt aus, „a" wird zu „e" abgeschwächt. Aus Dièr wird durch Lautverschiebung „Tier". Bei Ortsbezeichnungen wurde dann später ein „s" angehängt. Noch vor 50 Jahren wurde Tiers im Fassatal allgemein „Dièr" genannt. In der ältesten Urkunde (999) scheint der Name „Tyersch" auf. In späteren Urkunden findet man den Namen Tyers, um 1600 neben *Tiers* auch *Dirs, Tyrs, Dirß, Teirs, Diers, Tirs, Tirsch, Tires, Dirsch, Dirst, Teirsch, Thiers.*
Die heutige Bevölkerung spricht das Wort Tiers als *Tiersch aus.*

2. BESIEDLUNG:

Spärlich sind die Nachrichten über die erste Besiedlung des Tierser Tales. Mit Sicherheit jedoch kann man das Tal zu den am frühesten besiedelten Hochtälern Südtirols zählen.
Die aus mehreren Stämmen bestehende Urbevölkerung Südtirols, darunter die Isarken und Breonen, wurde von den Römern zusammenfassend Räter genannt. Sie siedelten meist in der Nähe eines befestigten Hügels (Wallburg), um sich bei Gefahr besser verteidigen zu können.
Ungefähr 100 m oberhalb des Dorfes Tiers erhebt sich auch so ein Hügel, der Talerbühl. Dieser soll nach Ing. Dr. Innerebner eine solche vorgeschichtliche Festung gewesen sein. Er schreibt vom Talerbühl:
Es ist eine von Moränenschutt überlagerte Kalkfelsenspitze. Die Kuppenhöhe und Hänge sind Grasboden. Der Sattel nordwärts scheint künstlich vertieft und zur Verteidigung zweckmäßig ausgebaut zu sein. Beim Kuppenaufstieg befindet sich

ein merkwürdiger, naturgewachsener Felszacken von 2 m Höhe. Vorgeschichtliche Baureste sind nicht vorhanden. Der Hügel war eine Siedelrandbefestigung und bot den Einwohnern Schutz in Zeiten der Gefahr.

Der Verfasser hat am 9. Juli 1940 bei der Mauer am Südwestrand Branderde, Knochen und Scherben gefunden. Einige Jahre später stießen Arbeiter beim Anlegen einer Wasserleitung oberhalb des Sattels in etwa 60 cm Tiefe auf eine dicke Mauer. Diese zeigte an der Außenseite starke Brandspuren. In der Nähe des Hügels wurde auch ein alter Mühlstein gefunden. Der Weg oberhalb des Hügels, der nach Völs führt, soll nach mündlicher Überlieferung der älteste Verbindungsweg des Tales mit der Außenwelt gewesen sein.

Eine zweite Wallburg soll auch auf dem Tennenbühl gestanden haben. Ebenso vermutet man im Tschetterloch eine Höhlensiedlung (vgl. die Sage vom Tschetterloch im entspr. Abschnitt). Der Fund eines Mühlsteines (3. oder 4. Jh. v. Chr.) läßt auf einen Besiedlungsort in der Nähe von Traun (in St. Cyprian) schließen. Heutige Flurnamen zeugen von vorrömischer Besiedlung, so z. B. *Funtanún, Fistagún, Rungún, Rasún usw.*

Während der römischen Herrschaft von 15 v. Chr. bis 476 n. Chr. entwickelte sich in ganz Südtirol eine Mischsprache, das Rätoromanische oder Ladinische. Diese Sprache hat sich bis heute in der Schweiz (Engadin) und im Fassa-, Gader- und Grödental in Südtirol erhalten. Auch in Tiers wurde bis ins 15. Jh. ladinisch gesprochen. Viele Flur- und Bergnamen stammen noch aus jener Zeit. Z. B. Tschafon = *Starrkopf,* Tschamin = *enge Schlucht,* Doss = *Rücken,* Niger = *Schwarz.*

Der Hofname *Pagún* soll auf das lateinische *paganus* (der Heide) zurückgehen. Vielleicht wohnten hier die letzten Heiden.

Außer diesen Flurnamen war von der Römerzeit bis vor wenigen Jahren nichts bekannt. Erst im Herbst 1976 kamen bei Aushubarbeiten für das Haus der Dorfgemeinschaft frührömische Brandgräber ans Tageslicht. Durch das Landesdenkmalamt konnten erste Sondierungen und die Bergung der freigelegten Gräber vorgenommen werden. Am archäologischen Institut der Universität Padua wurden die Funde einer genauen Untersuchung unterzogen. Bei den Fundstücken (Keramik, Schmuck, Münzen) handelt es sich hauptsächlich um Gegenstände aus dem 1. und 2. Jahrhundert nach Christus. Unter der Keramik befinden sich etliche fast vollständig erhaltene Töpfchen, Kannen, Henkeltöpfchen und Henkeldellenbecher. Erstaunlich viele Fibeln und andere Schmuckelemente, darunter kräftig profilierte und norisch-pannonische Doppelknopffibeln, wurden gefunden, ebenso eine Fibel aus der späten La-Tène-Kultur. Reichhaltig ist der Fund von Münzen, die leider in einem schlechten Zustand sind, aber dennoch eine genaue Datierung der Gräber ermöglichen. Viele Geschichten wurden im Volksmund über diesen Ort erzählt; nun hat man für diese teilweise unheimlichen Erzählungen den wahren Kern gefunden.

Auf die römische Herrschaft folgte 476 die gotische. Bei der Gründung des Ostgotenreiches durch Theoderich um 500 n. Chr. soll es nach ladinischen Sagen zu schweren Kämpfen gekommen sein. Die Sage von König Laurin, der von Dietrich von Bern (Theoderich von Verona) besiegt und nach Bern gebracht wurde, könnte — wie bereits erwähnt — damit zusammenhängen.

Nach den Goten gründeten die Langobarden in Oberitalien ein Reich, die Lombardei. Diese gingen rücksichtslos gegen die Alpenbevölkerung vor und zerstörten manche Siedlung. Der Autor Dr. H e y l hält es für möglich, daß die Sage von der Hexe Lomberda (siehe den Abschnitt über Sagen) eine Erinnerung an solche Überfälle enthält. In der Zeit des Hexenglaubens wurde aus der langobardischen Räuberschar die Hexe Lomberda. Es ist nicht auszuschließen, daß gerade zu jener Zeit die Bewohner von Tiers sich in den hintersten Teil des Tales, das heutige St. Cyprian, zurückzogen.

Um das Jahr 600 n. Chr. nahmen die Bajuwaren das Land Südtirol in Besitz. Im 9. Jh. kamen sie wohl auch in unser Tal. Sie behandelten die romanische Bevölkerung milde und wurden von den alten Einwohnern „Tyrsen" genannt. Als dann 788 Bayern, wozu auch Südtirol gehörte, unter Karl dem Großen in das Frankenreich einverleibt wurde, teilte man das gesamte Land in Gaue ein. Tiers gehörte zum Gau *Norital (Nurichtal = vallis norica).* Zu dieser Zeit, im Jahre 999 n. Chr., wird Tiers zum erstenmal urkundlich erwähnt. In dieser Urkunde steht, daß Bischof Gottschalk von Freising in Bayern vom damaligen Grafen von Norital Otto von Andechs, u. a. auch Güter in „Tyersch" erhielt. Im Jahre 1027 übertrug Kaiser Konrad II. dem Bischof von Brixen die Grafschaft Norital, dem von Trient die Grafschaft Trient und Bozen als deutsches Reichslehen.

Als Grenze zwischen den beiden Herrschaftsgebieten wurde der Breibach *(bria fluvius)* angegeben, einige Jahre danach der Kardauner Bach.

Eines der bei den Aushubarbeiten freigelegten Brandgräber aus dem I. Jh. nach Chr. Neben den 6 registrierten werden noch zahlreiche weitere Brandgräber vermutet. ⟶

3. DAS GERICHT TIERS

So kam Tiers unter die weltliche Herrschaft des Fürstbischofs von Brixen; kirchlich war es ihm schon vorher unterstanden. Dieser übertrug das Gericht Tiers als Lehen an Dienstleute (Ministerialen), welche auch die Verwaltung innehatten und die Gerichtsbarkeit ausübten. Um 1163 werden in den Neustifter Traditionsbüchern erstmals die Brüder Berthold und Morunch von Tiers genannt, doch gehörte das Gericht wahrscheinlich nicht ihnen, sondern damals noch den Völsern. Sie besaßen möglicherweise zuerst eine kleine Burg in der Ortschaft Tiers, denn die Herren von Velsegg werden erst 1189 urkundlich erwähnt. Diese nannten sich so nach ihrem Stammsitz, der Burg oder dem Schlosse Velsegg, die oberhalb des heutigen Velsegger Hofes stand. Mayrhofer (1867) erwähnt allerdings schon im Jahre 1160 einen Edelsitz Velsegg. Erst um 1300 erlangte dieses Geschlecht die Herrschaft über das Gericht Tiers, das sich von Völs loslöste. Allerdings erhielt es nur die niedere Gerichtsbarkeit, das heißt, die Gerichtsbarkeit für kleinere Vergehen.

Um dem Leser eine Vorstellung über die damaligen Verordnungen zu geben, sollen hier ein paar Ausschnitte aus der Gerichtsordnung von Tiers angeführt werden.

„Es wurde bestimmt, daß alle Haushaber des Gerichtes Tiers an Samstagen um 3 Uhr nachmittag auf dem Felde Feierabend ließen. Sie waren dazu verpflichtet, ihre Leute an Sonn- und Feiertagen in die Kirche zu schicken und selbst nicht auszubleiben. Vorher durfte niemand auf der Gasse oder beim Wein gefunden werden."

„Von Lichtmeß (2. Februar) bis Martini (11. November) waren die Schweine einzusperren. Nur mit Ringen versehene Schweine durften freigelassen werden. Wer durch sie Schaden erlitt, durfte sie fangen und zur Obrigkeit bringen. Die Strafe betrug 2 Gulden. Schweine, die nachts Güter verwüsteten, fielen ganz an die Obrigkeit."

„Niemand sollte aus dem Gericht gehen, bis die größte Arbeit, die Mahd, vorüber war."

Laut Urkunde 1303 verzichtet Reimprecht von Völs auf alle Ansprüche, die er gegenüber Georg von Velsegg auf die Burg Velsegg und das Tal zu Tiers erhoben hatte, jedoch mit der Einschränkung, daß man die Diebe, die man dort erwischen würde, dem Herrn von Völs über den Graben (beim Ritztal), mit

Wappen der Völs-Colonna im Fresko von St. Sebastian in Tiers.

dem Gürtel umfangen, überantworten solle, damit er über sie richten könne. Dennoch blieb das Tierser Gericht in unmittelbarer Lehensabhängigkeit von den Brixner Bischöfen; die Herren von Velsegg waren also Ministerialen derselben.

Im Jahre 1324 kam es zu neuerlichen Streitigkeiten zwischen den Herrn von Velsegg und Völs wegen des Gerichtes von Tiers. Einige Zeugen behaupteten, daß die Gerichtsbarkeit überhaupt nur dem Hochstifte Brixen zustehe. Der Entscheid bestimmte aber doch im Sinne eines schon 1302 gefällten Spruches, daß Heinrich dem Velser in Tiers nur die Hohe Gerichtsbarkeit (über Leben und Tod) zukomme.

Unter Georg von Velsegg, der sich so erfolgreich gegen die Herren von Vels behauptete, kam es 1332 zum Kauf des heute noch bestehenden Zufallerhofes *(ze valle = am Tal)* vom Ritter Konrad von Schenkenberg (Ums). Wegen der eigentümlichen Schreibweise und Ausdrucksart werden hier einige Abschnitte aus der Originalurkunde wiedergegeben.

Die Urkunde beginnt: *Chunt sei getan allen den, die disen brief ansechent, lesent oder horent lesen, daß ich Chunret von Schenkenberg für mich und für alle Erben und mit willen und wort meiner prüder Wuheres, Hainrichs und Dyermares han verchauffet ain hof haisset „valle" für ain rechtes lediges und freies Aygen mit invart und mit ausvart dem Gorigen von Vellesek und allen sein erben ewichlich zu haben und ze besitzen um fünpf und vürzich march gewöhnlicher meran münz und mir gänzlich gelt sein mir recht zalt. Und ist auch obgenannt hof ze valle gelegen ze Tyers in der Malgrei sant Gorigen und leit (liegt) oben daran unser freuwen guet und leit aneben daran ain guet haisset Probi. Der chauf ist geschehen und geschriben ze Vels vor der Pfarrchirchen, da man zalt von Christi geburt dreizehnhundert jar darnach in dem zwaiunddreisigstem jar, Freitag nach sand Agnesen Tag (21. Jänner).*

Als 1370 der Ritter Kaspar von Velsegg von den Velsern die Hohe Gerichtsbarkeit (Malefizgerichtsbarkeit) beanspruchte, verzichteten diese schließlich darauf, doch das Malefizrecht nahm das Hochstift Brixen direkt in Anspruch. Die Ausübung wurde dem Stadtrichter von Brixen übertragen. Als mit dem Edlen Leonhard die Herren von Velsegg ausstarben (1470), erhielt Leonhard von Weineck als Gemahl einer Velseggerin das Gericht Tiers und die Feste Velsegg als Hochstiftliches Lehen.

1475 übernahm sein Schwiegersohn Kaspar von Vels und Prösels das Gericht Tiers vom Hochstift Brixen als Lehen. Die Bischöfe stellten nun bei jeder Verleihung die Bedingung, das Gericht Tiers nicht mit dem von Völs zu vermischen. So verblieb die Landeshoheit über das Gebiet Tiers bis zur Verstaatlichung im Jahre 1803 den Bischöfen von Brixen. Da die Herren von Völs ihr Amt in Tiers nicht selbst ausübten, bestellten sie einen Pfleger oder Verwalter, der sich um das Gericht zu kümmern hatte. Dem Pfleger aber war es untersagt, sich in geistliche Angelegenheiten zu mischen. Als der Pfleger Marx Paugger 1635 dem Tierser Kuraten „sub poena carceris (unter Kerkerstrafe)" das Weinausschenken verbot, wurde ihm vom fürstbischöflichen Hofrat klar gemacht, daß er als Weltlicher dazu nicht ermächtigt sei. Im Jahre 1490 teilten die Söhne Kaspars den Besitz, und 1520 trat Michael alles an seinen Bruder Leonhard ab, gegen Bezahlung einer Geldsumme. Dieser wurde wegen seiner Verdienste schon im Jahre 1498 von Kaiser Maximilian zum Landeshauptmann an der Etsch und zum Burggrafen von Tirol ernannt. Der Wohnsitz seines Geschlechtes befand sich auf Schloß Prösels. Leonhard nannte sich zuerst »Herr«, später „Freiherr" von Vels und legte sich den Familiennamen

Colonna (Säule) zu. Im Wappen führte er zwei Säulen. Seine „Abstammung" vom römischen Adelsgeschlecht Colonna erwarb er sich aber nur von einem venezianischen General auf Grund von Verdiensten.

In die glanzvolle Amtszeit von Leonhard von Vels bis 1530 fielen aber auch so unheimliche Ereignisse wie die Hexenprozesse, die Bauernaufstände (1525), die Bekämpfung von Rebellen und des Luthertums.

Einen Niederschlag dieser Ereignisse finden wir in den Tierser Gerichtsverhandlungen. Zwei solcher Verhandlungen sind noch im Original vorhanden.

Die erste war ein Mordprozeß, eine „Malefizsache".

Sie fand deshalb unter dem Stadtrichter von Brixen Lienhard Mayer am Kreuz und den zwölf Geschworenen statt. Es war Freitag nach Jakobi im Jahre 1517. Der Prozeß wurde im Freien auf dem Platz vor dem Gerichtshaus geführt, der sogenannten „Wahrsag" oder „Thingstätte". Diese wurde bereits 1245 in einer Urkunde erwähnt als *platea in villa Tyers, sub illa domo ubi redditur iudicium coram iudice constituto de Tyers* (Thingstätte im Dorfe Tiers, wo vor dem in Tiers eingesetzten Richter Recht gesprochen wird).

Der Angeklagte war Hans Gründler von Tiers, der den Richter von Tiers Hansen Schantel, „vom Leben zum Tode gebracht" hatte und „Absagebriefe" (Schmäh- oder Drohbriefe) an den Gerichtsherren Michael von Völs und andere Geschworene geschrieben hatte. Er wurde zum Tode durch das Schwert verurteilt und am Galgenwiesel (oberhalb der Ganne) enthauptet. Sein Haupt wurde ihm zwischen die Beine gelegt.

Die zweite Gerichtsverhandlung war ein Hexenprozeß, der im Jahre 1524 am Freitag vor dem Veitstag (15. Juni) stattfand, und zwar unter dem Vorsitz von Richter Gabriel Pauntner und Friedrich Steinperger, Pfleger von Velsegg (Beamter von Leonhard von Vels). Angeklagte war die Katharina Gründlerin, des Lukas, Gründlers Eheweib. Unter der Folter gab sie Margareth Trumpadellerin als Gehilfin an, worauf auch diese eingekerkert wurde. Diese erhängte sich im Kerker, als sie voraussah, daß der Prozeß für sie schlecht ausgehen würde. Margareth Trumpadellerin war durch Katharina Gründlerin der Zauberei beschuldigt.

Das Schlußurteil fehlt in den Akten. Wahrscheinlich wurde Katharina Gründlerin auf dem Galgenwiesel als Hexe verbrannt. Der Sitz des Gerichtes war wohl ursprünglich im Dorfe Tiers, dann auf der Burg Velsegg. Diese zerfiel bereits im 16. Jh., da die Freiherren von Vels-Colonna ihren Sitz auf Schloß Prösels hatten. Deshalb ermahnte der fürstbischöfliche Hofrat von Brixen um 1592 den Gerichtsherrn Christoph Otto Moritz von Völs, das Lehen nicht zu vernachlässigen. Ferdinand von Küebach, der Bevollmächtigte des Gerichtsherrn, führte aber die Ursache der Baufälligkeit auf den „greylichen precipicium (Abgrund), der sogleich am Schloß ist", zurück. Dieses habe keinen festen Grund und stehe auf einer gefährlichen Sandlahn, die ständig abbreche. Er betonte, dieses Lehen sei gewiß nicht durch den Inhaber, sondern allein durch Gottes Gewalt geschmälert worden. Später ist die Ruine Velsegg nach und nach in die Tiefe gestürzt. Nur kümmerliche Mauerreste sind heute noch sichtbar. Der heutige Gutshof Völsegg wurde 1864 erneuert und gehört heute noch zur bischöflichen Mensa des Bistums Bozen-Brixen.

Als die Burg Velsegg zu verfallen begann, wurde der Sitz des Gerichtes in ein turmartiges Gebäude ins Dorf verlegt. Dieser wurde im Auftrag des Freiherrn Michael von Völs-Colonna († 1528) zur Zeit Maximilians I. (1493—1519) von Johann Vogl von Gauenburg erbaut und *Neuvölsegg, Pfleghaus, Neuhaus, Gauenberg* bzw. *Gauenburg* genannt. Heute dient es als Schulhaus. Im Keller befinden sich noch Spuren des ehemaligen Kerkers. Das Wappen mit dem Kardinalshut an der Südwand des Schulhauses erinnert an den Kardinal Christoph III. Madruz (1542—1578), der die Bistümer Trient und Brixen in seiner Person vereinte. Die zwei schlechterhaltenen Wappen an der Ostseite dürften von Brixner Würdenträgern stammen. Das eine hat einen Löwen, das andere Kreuze auf ovalem Feld.

Bis 1650 verblieben die Freiherren von Völs-Colonna die Inhaber des Gerichtes zu Tiers. Dann wurde es von Bischof Johann von Brixen abgelöst, der es bis zur Aufhebung des weltlichen Fürstentums von Brixen im Jahre 1803 durch seine Amtsleute verwalten ließ. Dadurch verlor das Gericht Tiers seine Selbständigkeit. 1849 kam es zum Bezirksgericht von Bozen.

Als aufschlußreiches Dokument über das Gericht von Tiers um 1600 sei hier ein Teil eines Berichtes von Marx Sittich von

Wolkenstein aus der Tirolischen Landesbeschreibung wiedergegeben:

...Nun folgt von den herrschaften, so under dem bistum Brixen ligen, so aigen und lechen sind als ersten von der herrschaft Dirs; ist umb diser zeit den freyherrn zu Vels zuegeherig. Tyrs ligt oder confiniert gegen morgend an das Gericht Vels und Schenkenberg und an das Tal Evas (Fassa), gegen mitendag an das gericht Staineck, abent an gericht Staineck und obgemeltem gericht Vels, gegen miternacht auch an Vels. Es hat ein altes zerfallens schloß oder purgstal Vilsöck und auch ein adeliches geschlecht diß nambes gehabt, und jnen dis gericht gehert hat, so haben 1470 abgestorben; es ist lechen dise herrschaft und schloß von Brixen. Die lesten zwei von Vilseck, die haben die ain eine von Vels und die ander aine vom Graben gehabt. Die von Vels haben hernach von den von Graben Dirs vellig bekumben. Nach absterben des uralten geschlecht ist dises schloß und herrschaft an die herrn von Vels komen, so noch bis auf dise stundt jnhaben als Cristof, Ott Moritz, als dann seine 2 söhn Jörg Oswald. Da er seinem bruedern herr Michel jez verkauft, hat derselbe den adelsiz im Dirs, genant Neuhau(s) treflichen von neuem erpaut...

Von kirchen hat es in disem dal bey Sant Jörgen und ain andere Capell bey Sant Ciprian, so under der pfarr Velß gehören. Es rindt der Dirß oder der Preybach miten durch dises tall und er fleus aus Dirsch von joch bis in Eeysoch (Eisack) runst und die gerichtscheyd ist auch 3 mayl wes (weg) lang und an guet ferchen fisch reich, ist auch ser kostlichen und gut. Es hat dises gerichtel gar schene waldungen zu zimerholz, als lerchen, verchen und danen, darvon sich die underthonen vil erhalten und ernören, füeren gen Bozen vil vaßholz, flecken und contenellen (Stangen), aber es hat ein schlechten draitpoden und nit drait genueg; es waxst auch kain wein darin, aber von geiaideren (Jagd) *hat es herrlich schenne von allerlay wildpret: als hirschen, groß und klain und vil peren, welf und schedliche dier, so wol von fliegets wildpret als orhannen und orhennen, spilhennen, haselhiener, stainhiener und ander vil dergleichen. So hats ain fürnembes gamsen gepürg, ein hocher plosser schroffen und ist der merer dail im jar schne bedeckt, ist genandt der Rosengarten, man kan jn allenthalben durchsteigen und durchgangen werden und wird durch Bozen aus gar praid gesechen. Dise Herrschaft ist ungeverlich bei 2 deutscher meil lang und ain halbe praid, ist ein grobs und armes deytsches volckh darin . . .*

4. DIE PESTZEITEN

Die schwierigsten und schrecklichsten Zeiten dürften wohl für das Gericht Tiers während der Pestzeiten gewesen sein.

Das erstemal suchte der Schwarze Tod 1348—51 ganz Europa heim. Innerhalb kürzester Zeit raffte die Pest die Bevölkerung dahin. Wenn auch derzeit noch keine schriftlichen Aufzeichnungen über die erste Pestseuche in Tiers vorhanden sind, so dürfte doch die Sage (Seite 64) an dieses Ereignis erinnern. Von Angst und Schrecken zeugen aber auch die Verordnungen, die zu den späteren Pestzeiten 1630 und 1636 erlassen wurden. Darin heißt es, daß keine unbekannten Personen durch das Gericht Tiers ziehen durften. Zur genaueren Kontrolle mußten an den Grenzen „Sterbleuff wachten" aufgestellt werden. 1630 und 1636 befanden sich solche unterhalb von St. Cyprian, gegen Welschnofen und bei der Brücke zu Gamar. Auch waren zu dieser Zeit der Tanz, das Spiel und andere weltliche Freuden untersagt. Trotz dieser Vorsichtsmaßnahmen starben 124 Menschen an der Pest.

b) Jüngere Geschichte

5. DIE FRANZOSENKRIEGE

Bei den Tiroler Freiheitskriegen im Jahre 1809 kämpfte auch eine Tierser Sturmkompanie in der zweiten Bergiselschlacht am 29. Mai im Zentrum unter dem Hauptmann Johann Rubatscher (Prentner) tapfer mit. In der dritten Bergiselschlacht, am 13. August desselben Jahres, stand die Tierser Kompanie in der rechten Kolonne des Zentrums, die vom Wirt an der Mahr, Peter Mayr, angeführt wurde.

Während der darauffolgenden Regierung unter Andreas Hofer wurde der Kurat Pieger von Tiers von diesem als Direktor der Normalschule und Aufseher über die deutschen Schulen nach Innsbruck berufen. Nach der verlorenen Bergiselschlacht besetzten die Franzosen am 6. November Bozen, und der Kommandant sandte Soldaten in die umliegenden Dörfer, um die Waffen abzufordern.

Am Martinstag kam eine solche Abteilung von der Wolfsgrube herab nach Tiers. Der Bürgermeister Johann Knollseisen, Bauer zu Goflmort, ging mit dem Pfarrer den Franzosen entgegen und bat sie um Schonung für die Bewohner. Die Tierser mußten ihre Gewehre ausliefern und zum Dorfbrunnen stellen, wo sie verbrannt wurden. Sodann begehrten die Feinde ein Dutzend Ochsen, die sie zum Teil auf freier Wiese brieten und verzehrten. Da die Tierser sich ruhig verhielten, zogen die Franzosen schließlich ab, ohne den Tiersern Schaden zuzufügen.

6. DIE CHOLERA

Im Jahre 1836 brach die Cholera aus. In kurzer Zeit starben damals 52 Menschen und über 300 erkrankten daran. Von dieser Zeit zeugt noch das „Cholera-Lied" und das „Cholera-Gebet", die zehnstündige Anbetung am Dreikönigstag (6. Jänner).

7. ÜBERSCHWEMMUNGEN

Im November 1882 regnete es in Tiers sechs Tage und Nächte ununterbrochen. Die Folgen blieben nicht aus. Der Tierser Bach schwoll so an, daß er eine Säge und zwei Häuser mitriß. Weitere Häuser am Bach mußten geräumt werden.

1896 ging ein Wolkenbruch über dem Tschafon nieder, und die Wassermassen rissen die hölzerne Bäckenbrücke (in der Nähe der Pfarrkirche) weg und gruben ein tiefes Bachbett. Bis 1911 begnügte man sich mit einer hölzernen Notbrücke, die dann durch die noch heute bestehende Brücke ersetzt wurde.

Seelsorge und Kirchen von Tiers

Kirchlich gehörte Tiers ursprünglich zur Pfarre Völs und damit zum Bistum Brixen. 1257 wird die St.-Georgs-Kirche als einfache Filialkirche der Völser Pfarre erwähnt. In einer Urkunde von 1404 wird ein *Gesell ze Tyers* erwähnt, namens Linhard. 1341 hatte nämlich Jörg von Velsegg und dessen Familie den Hof an der Gassen (jetzt Windisch) in Völs der Pfarrpfründe unter der Bedingung geschenkt, daß der Pfarrer von Völs einen *ewigen Gesellpriester (Expositus zu Tyers) halte. Ein jeglicher Pfarrer von Völs soll einen Gesellen haben in Tiers, mit stetem Wesen und in seiner Kost, der täglich und nächtiglich dinne, ze St. Georien sey und ein mess sprech, die siechen ist er gepunden ze besuchen, ze ölen, ze begraben und ze besingen. In Nove* (Welschnofen) *und ze Steineck und anderswo in der Pfarre* (Vels) *ist er nicht gepunden und soll alle nacht wieder gen Tyers kommen,* genehmigt 1351 (Archiv Welschnofen).
1374 schenkte Kaspar von Velsegg Keller, Hof und Baumgarten in Tiers der dortigen Georgenkirche (jetzt Widum).
1501 wurde Tiers selbständige Kuratie. 100 Jahre später wurde in Tiers das Tauf-, Ehe- und Sterberegister geführt. In dieser Zeit bezeichnete sich der Seelsorger von Tiers als Kurat und erst seit 1818 als Pfarrer. Gleichzeitig wurde die Pfarrei an die Diözese Trient angegliedert. Seit der Neugründung der Diözese Bozen-Brixen im Jahre 1964 gehört Tiers dahin.

DIE PFARRKIRCHE

Vom Jahre 1332 stammen genauere Angaben von der St.-Georgs-Kirche. Sie war damals viel kleiner, im romanischen Rundbogenstil, mit einer halbrunden Apsis, wie in St. Cyprian. Heute ist nur noch der untere Teil des Turmes mit seinen romanischen Rundbogenfenstern erhalten. Der zwiebelförmige Turmaufsatz wurde 1739 erbaut.
1472 hat man die romanische Apsis abgetragen und dafür in der Breite der ganzen Kirche unter Baumeister Peter Zerfaller ein gotisches polygonales Presbyterium erbaut, das heute noch besteht. Nur wurde es später der Rippen beraubt. Ein Fenster an der Südseite des Presbyteriums, zum Teil vermauert, hat noch die ursprüngliche gotische Form. Im Dachboden der Sakristei ist davon noch eine Fensterrosette sichtbar. Um 1767 geschah

Die St.-Georgs-Pfarrkirche von Tiers.

dann der barocke Umbau. Dem fiel die westliche Hälfte des Langhauses zum Opfer. So ist vom alten romanischen Mauerwerk nur mehr das Stück Mauer in der Länge der Turmbreite und das gegenüberliegende Mauerstück erhalten. Dafür erstellte man das Langhaus, wie es heute ist, mit einem wenig vorstehenden, doch breiten Querschiff mit einer Flachkuppel. 1771 wurde die Kirche neu geweiht.

Der Künstler Karl Henrici aus Schlesien, geb. 1737, malte 1772 die herrlichen Deckengemälde, die an Tiepolo erinnern. Wertvoll ist im Kuppelfresko die Signatur: „C. Henrici Pinxit 1772“. Näheres in der Monographie: „Der Bozner Maler Johann Josef Karl Henrici“ von Dr. Alma v. Lutz, Schlern-Schriften, Innsbruck 1960.

In der zweiten Hälfte des 19. Jh.s wurde das Innere der Kirche im neuromanischen Stil umgestaltet, nur das Kuppelfresko mit dem hl. Georg vor dem Richter blieb erhalten.

Im Jahre 1959/60 wurde die Kirche vom Kunstmaler J. Pescoller aus Bruneck vollständig restauriert. Zwei Deckengemälde von Henrici und die ursprüngliche Bemalung wurden wieder freigelegt.

Das Deckengemälde im Presbyterium stellt Maria mit dem Kind dar, wie sie, begleitet von einem Engel, dem Karmeliter Simon Stock das Skapulier überreicht. Darunter die Symbole der vier Erdteile. Der fünfte, Australien, war damals noch nicht entdeckt.

Das große Kuppelfresko, welches nur von seinem schweren Rahmen befreit wurde, zeigt uns den hl. Georg vor dem königlichen Richter, angeklagt und sich verteidigend. Der Hintergrund ist nicht mehr als ein architektonisches Gebilde, das durch seine Perspektive gleichsam die Decke abhebt und den Blick bis in den Himmel schauen läßt. Hier ist es einfacher: Ein großer Palast mit einem Triumphbogen im Hintergrund, ein Götzenbild, vor dem St. Georg opfern soll, rechts Priester und Ankläger, links König oder Kaiser unter einem Thron mit dem Hofstaat, vorne die Gestalt des Heiligen, siegreich und entschieden ablehnend. Alles ist klar und übersichtlich.

Das Gemälde über der Orgelempore zeigt, wie St. Georg den Drachen besiegt. Der Drache versinnbildet das Heidentum. Somit sagt dieses Bild in Form einer Legende dasselbe aus wie das Kuppelfresko. In der griechischen Kirche gilt St. Georg in besonderer Weise als Bannerträger des Christentums.

Bild am Hochaltar: Es stellt Maria mit dem Kinde dar, das Skapulier hält sie in der Hand. Das Bild stammt wohl von Jacopo Rignoto aus Rom, der es im Jahre 1706 nach Tiers brachte, vielleicht anläßlich der Gründung der Skapulierbruderschaft in Tiers. Es ist eine Nachbildung des Gnadenbildes der Madonna in Santa Maria Maggiore in Rom, jedoch nicht mehr byzantinisch wie jenes.

Die reichverzierten Kirchenstühle stammen noch aus der Barockzeit.

Die Orgel wurde 1820 erbaut. Der Baumeister ist nicht mehr bekannt. Das Gehäuse stammt vom Tierser Tischlermeister Josef Offenziner. 1910 wurde die mechanische Orgel von Anton Behmann aus Vorarlberg in eine pneumatische umgebaut, wobei das Rückpositiv abgeschnitten wurde.

Die Kreuzigungsgruppe über dem Turmeingang ist eine schöne Arbeit aus der Zeit des Spätbarocks.

St. Georg, der Drachentöter. Fresko über der Orgelempore, von Henrici.

Kreuzwegstationen und Taufstein stammen aus dem Jahre 1906. 1968 erhielt der Altarraum eine neue Innengestaltung. Die zwei neuromanischen Seitenaltäre wurden entfernt und die Mensa des Hauptaltares in die Mitte des Presbyteriums gestellt.

ST. SEBASTIAN

Das Kirchlein St. Sebastian mit dem Glockentürmchen und dem dreiseitigen Abschluß wurde zur Pestzeit 1635 infolge eines Gelübdes durch die Gemeinde im gotischen Stil erbaut und den Pestheiligen St. Sebastian und St. Rochus geweiht. (Weihebrief 1642 im Pfarrarchiv). Früher stand an dieser Stelle eine bereits verfallene, der hl. Christina geweihte Kapelle, die noch in die spätromanische Zeit zurückreicht. Die wertvolle Marienstatue mit Kind aus dem 13. Jh. stammt wahrscheinlich aus der älteren romanischen Kapelle. Die Statue befindet sich zur Zeit im Diözesanmuseum Brixen. — In der Kapelle, links vom Eingang, sieht man ein Votivfresko mit Pietà, St. Rochus und St. Sebastian sowie drei Stifterfiguren mit schwarzen Gesichtern. Das Wappen der Familie Völs-Colonna und die elfzeilige Inschrift erinnern an den Stifter des Gemäldes, Michael Freiherr von Völs-Colonna, der es zum Andenken an seine 1636 an der Pest verstorbenen Tochter Ursula-Elisabeth malen ließ.

Gegenüber hängt ein Ölgemälde „Maria mit Kind", gestiftet vom Freiherrn Hyronimus Otto von Rafenstein.

Der zierliche Frühbarockaltar stammt noch aus der ersten Hälfte des 17. Jh.s. Das mittlere Altarbild stellt den hl. Rochus und hl. Sebastian dar. Im oberen Teil die Krönung Mariens.

Einige weitere wertvolle Bilder wurden in Sicherheit gebracht, während das Altarbild und ein Seitenflügel gestohlen wurden. Das Kirchlein wurde 1977 durch die Mithilfe der Schützen und mittels privater Spenden renoviert. Dr. Josef R i n g l e r schreibt im Schlern 1949 über St. Sebastian am Weiboden: *Ich hatte das Gefühl als ob ich in dieser Abgeschiedenheit auf einem alten Hexenplatz stünde, der durch die Errichtung der Kapelle entzaubert werden sollte.*

Auf jeden Fall stehn wir hier auf einem alten, von Geisterspuk und Sagen umwobenen Boden. Eine dieser Sagen erzählt folgendes:

Einst kam der schwarze Tod ins Tal und tat gründliche Arbeit, daß bald kein Lebewesen mehr übrig blieb. Als der alte Bauer auf Plafötsch — früher sollen auch dort oben Höfe gestanden sein — der allein verschont blieb, sah, daß aus keiner Hütte im Tal mehr Rauch aufstieg, fuhr er mit seinen roten Ochsen und Gespann ins Dorf hinunter, trug die Toten aus den Häusern, führte Fuhr um Fuhr der unheimlichen Last zur Bergwiese „Wei" hinauf, wo er den Pesttoten das Grab machte. Sooft er eine Fuhr aufgeladen hatte, sagte er: „Hü, es Roatn, mit die Toatn!"

Die Waldidylle von St. Sebastian.

ST. CYPRIAN

Die Kirche ist ein spätromanischer Bau mit halbrunder Apsis und dürfte wie die heutige St.-Georgs-Pfarrkirche im 13. Jh. entstanden sein. Zu dieser Zeit wurde sie neben der Pfarrkirche als Filialkirche der Pfarre Völs angegeben. Im Jahre 1583 wurde sie durch die Freiherrn von Völs-Colonna erneuert. An Stelle der alten Decke aus Holz wurde ein Gewölbe eingesetzt und die Fenster wurden erweitert. Eine Inschrift am Altar spricht zwar von einer Erbauung, aber zu jener Zeit wurde keine halbrunde Apsis mehr angelegt. Wohl wurde der Altaraufbau damals errichtet. Dieser ist kunsthistorisch wertvoll und zeigt im Mittelstück Cyprian und Justina, die Patrone der Kirche. Die Marienstatue aus dem 16. Jh. und verschiedene andere Statuen wurden im Oktober 1964 gestohlen. Bei Renovierungsarbeiten 1972 kamen Spuren von Fresken am Triumphbogen und an den Seitenwänden zum Vorschein, wohl auch aus dem 16. Jh. An der Südaußenwand wurde ein Gemälde aus dem 17. Jh. etwas aufgefrischt und zeigt die wunderbare Rettung der Platzlinerwiese. Aus schwarzem Gewölk schleudert Gottvater Blitzpfeile ins Tal. Cyprian und Justina jedoch breiten schützend ihre Mäntel über die Wiese mit der weidenden Herde.

St. Cyprian war Bischof von Antiochien und Märtyrer (um 304), nach der Legende ein Zauberer, der die christliche Jungfrau Justina verführen wollte und bekehrt wurde. — Die im 5. Jh. durch die römische Kaiserin Eudokia dichterisch gestaltete Legende ist der Kern der Faustsage des Mittelalters. Sie regte Calderón zu seinem religiösen Drama „*El màgico prodigioso*" an. Nach der Sage standen in St. Cyprian einst viel mehr Häuser als jetzt. Muren und später die Pest hätten den höhergelegenen Teil des Tales entvölkert. Oberhalb der Talgabelung, auf den Traunwiesen, wo heute mehrere Heuhütten stehen, sollen sich die meisten und ältesten Häuser befunden haben. Damals sollen bei der Fronleichnamsprozession 24 Paare Kranzljungfern über die Kerschbaumerbrücke (Ziegelofenbrücke) gegangen sein. Nach der Sage ist St. Cyprian die älteste Pfarre des Tales.

*

Außer dem zentralen Tierser Pfarrbezirk ist die an der sonnigen äußeren Tallehne gelegene Pfarre Völser Aicha von ganz besonderer historischer und künstlerischer Bedeutung. Diese teilweise verwaltungsmäßig der Gemeinde Völs, geographisch aber dem Tierser Tal angehörende, landschaftlich ungemein reizvolle Gegend wird im folgenden einer ausführlichen Betrachtung unterzogen, die von prähistorischer Zeit bis in die Gegenwart reicht (vgl. auch den Abschnitt „Wanderungen", S. 91).

Völser Aicha, Prösels und Prösler Ried

Zwischen dem Schlernbach, seiner tiefgefurchten Rinne, bis hin zum Eisack und dem Breibach, wölbt sich am Fuß des Tschafons und der Völsegger Spitze, ein gewaltiger, gegen das Haupttal Tiers hin abfallender Rücken. Drei mittelalterliche Malgreien umgurten locker die Hochflanken dieses welligen Gebietes: Zur hl. Katharina und zum hl. Johannes d. Täufer in Völser Aicha, zum hl. Nikolaus in Prösels und Prösler Ried. Kirchlich untersteht Breien der Pfarrei Tiers; politisch finden sich die am rechten Ufer des Talbaches gelegenen Höfe mit der Gemeinde Völs am Schlern verbunden.

VÖLSER AICHA

Für den Namen *Aicha* findet sich in den älteren Urkunden mehrfach die Bezeichnung *Aichach in Völs.* Ein Vergleich mit den Orten derselben Benennung und die Tatsache, daß sich hier die Eichen (früher Aichen geschrieben) über das ganze, alte Siedlungsgebiet erstrecken fördern die Annahme von Anselm Sparber (dargelegt in: Geschichte der Völser Pfarrgemeinde), die Flureigenart sei Namengeberin. Die Endung -ach wird als Mehrzahl gedeutet und dürfte somit bei Aichach das Vorhandensein mehrerer, in einer Gemeinschaft verbundener Höfe besagen. Die politische Zugehörigkeit und der Name selbst täuschen über die eigentliche Gebietslage hinweg; zieht sich doch diese Streusiedlung über den Sonnenhang des unteren Tierser Tales hin! Der alten Gerichtsmarkierung folgend grenzt im Osten das Ritztal, im Süden der Breibach; im Westen verläuft die Gemarkung am oberen Hang des Eisacktales, um sich, dem genannten Rücken folgend, zum Nordhang des Tschafons geradlinig hinaufzuschieben.

Die äußere Form dieser Gegend weist eindeutige Spuren einer Glazialerosion (Gletscherschliff) auf. Abgeschliffene Rücken über dem Kompatscher Kopf bis hinunter zum Gostnereck, mit den eiszeitlichen Ablagerungen von Mergel und Sand; dann vom Mongaduier Bildstöckl, dem Grat entlang zum Schnaggen (wird auch Schnatten genannt) und weiter zur natürlichen Platte in der „Gasse". Ausgesprochene alluvionale (= Anschwemmungsgebilde) Form offenbaren die Hügel östlich des Zafluner-

und unterhalb des Vronthofes. Sicher unterlagen auch die Kuppen am Hanigbühel und am Ort der St.-Johannes-Kirche dem Zugriff des Gletscherschliffes. In einer Fluchtlinie erheben sich das Fingereck, Federnatsch und die Rücken beim Bühlweber, Sonnenburger und Frauenbühl; auch sie zeugen von den Urzeiten, wo eine mächtige Gletscherzunge darüber hinwegfegte. Lehmhaltige Teichmulden von kleinerer und größerer Form speichern noch heute durch lange, trockene Sommerwochen Wasser am Schnaggen; wertvolle Speicher über Jahrtausende!

Südhang und mittlere Höhenlage bedingen ein mildes Klima. Bis auf 900 m behauptet sich die Rebe.

Die Gebietsgliederung entspricht den mittelalterlichen Mulgreien (oder Malgreien): zur hl. Katharina (St. Kathrein), zum hl. Johannes. Letztere wird noch unterteilt in die »Gmeinen« Unteraicha und Oberaicha, zu der auch die „Gasse" gehört. Diese Aufgliederung findet sich u. a. in „Tirol. Weistümer", IV. T., Wien 1888, angeführt und beziehen sich auf die Jahre 1416, 1563.

Wegen vielfacher Fehlangaben der Ortung von St. Kathrein (oder St. Katharina) sei kurz vermerkt: St. Katharina liegt am Gemark Völser Aicha-Tiers. Bis zur Gemeindereform von 1849 (Pol.-hist. Landesbeschreibung von Südtirol, 47, S. 358, von Otto Stolz, Athesia 1971) war es eigene Gemeinde, zu der auch Breien gehörte. Daraus erklärt sich die alte katastrale Verbindung beider Weiler. Aus dem wird klar, daß St. Katharina nicht im Völser Ried, das 3 Gehstunden entfernt liegt, liegen kann (wie zuweilen angegeben wird), sondern in Völser Aicha, wozu es als Fraktion und Pfarrsprengel gehört und dem es gebietlich immer angeschlossen war.

Ganz Völser Aicha zählt heute an die 400 Einwohner, die in 75 Wohnhäusern angesiedelt sind.

Es wäre irrtümlich zu meinen, es handle sich in Völser Aicha um eine unwirtliche, abgelegene Ortschaft. Das Gegenteil beweisen: der freie Blick auf den Hauptteil von Bozen, nach Luftlinie 8 km zu berechnen; die Vielfalt an Landschaftsgliederung, die Laubbäume, so etwa Buchen bis über die 1500-m-Grenze, Bergulmen und Bergahorn, Linden und Roßkastanien, wellige Birken und Flaumeichen, die kahle Felshänge überdecken und sich über 1100 m hinaufsetzen; Eberesche und Kornelkirsche am buschigen Waldrand; daneben Kirschen und Walnuß, Edelkastanienhaine und riesige Maulbeerbäume an den

Völser Aicha gegen Bozen.

Gehöften stehend; da und dort in Unteraicha schieben sich Hunderte von Feigenblättern über die glatten, weißen Hausmauern; Zwetschgen-, Apfel- und Birnbaum fehlen nicht an den Südhängen der Siedlung. Überall stehen struppige Pfirsichbäume, Wächtern gleich, am Rand der zahlreichen Weinpergeln. Zierliche Mehlbäume und strauchige Kronwicken treten dem Wanderer immer wieder am Rand steiler Fußwege oder über den zahlreichen Felsnasen entgegen. Eingewoben oder wieder den Grundton bestimmend, stehen Waldkiefern und Lärchen; über dem Nordhang drücken sich Fichte an Fichte eng zusammen. Über dem Schnaggen bis zum Rückenabfall am Eisack wird das Gelände für zierliche Haine frei.

Die Blumenwelt von Völser Aicha kann sich eines besonderen Reichtums an Orchideen rühmen. Auf ungeahnten Höhenlagen geben sich Bienen- und Hummelragwurz, Pyramiden- und Dingelorchis ein Stelldichein.

GESCHICHTE VON VÖLSER AICHA

Ein Spaziergang vom obersten Bauerngehöft *Mongadui* (1150 m), den breiten Rücken gegen Westen absteigend, entblättert ein Bilderbuch mit vielen, stark wechselnden Gemälden. Rätsel über Rätsel drängt sich auf: Wo gab es hier Ursiedlungen? Da ist gleich anfangs der Übergang von den samtweichen Wiesen zu den leicht fallenden Matten nach Prösels-Ums und dann jener zum *Schnaggenkreuz* (auch *Schnattenkreuz* genannt): ein paar waldbesetzte Hügel, an drei Seiten von Sumpfgebiet umringt.

Die zwei gegen Norden erwecken besonderen Verdacht: am Haupthügel Natursteine, im Halbkreis gelagert, und der Vorhügel steinfrei. Aushubarbeiten im angrenzenden, langgestreckten Moor für ein Beregnungsbecken brachten Scherben und Werkzeuge aus schwarzem Feuerstein zutage; Belege weitreichender Urbehausung. Ein alter und neuer Hohlweg führen über einen künstlichen Damm zum Schnaggen, dem zweiten Übergang in Richtung Völs. In dieser Gegend gibt es die Flurbezeichnung *Malfesink,* heute *Mariasink* genannt. Eine Sage erzählt noch, hier sei eine Kirche gestanden und dann im Moor versunken. Eine vorgeschichtliche Siedlung namhaften Ausmaßes stand sicher zwischen dem Leiten- und Köhlertal. Die Ausdehnung nach Osten, bei der *Vronten-Laus* (von lac[u]s = Lache, Weiher, See), harrt noch der geschichtlichen Bestätigung. Zerstört

liegen Hab und Gut der Vorahnen; nur in den Augen der kleinen Moore quellen Perlen, dann und wann: ist's Freud oder Leid?
Daneben Anlagen von Wohngruben, deren Mauerumfassung im Grundriß da und dort gut zu erkennen ist. Die Form zeigt ein stehendes Rechteck und weist, mit wenigen Ausnahmen, dieselbe Größenordnung auf. Beim Versuch, eine markantere Wohngrube zu vermessen, gab es eine kleine Überraschung: Außenseiten 8,5 m in der Länge, und verschieden die untere von der oberen Seite 4,5 m und 5,5 m; ein kopfstehendes Trapez. Fand man schon vor Jahrzehnten kleinere Scherben oder (im Norden) Spuren vorgeschichtlichen Mauerwerkes, das in der Folgezeit stark beschädigt wurde, so brachte die Legung der Trinkwasserrohre 1971 und das Ausheben eines Wasserbehälters sowie ein dazugehöriger Abflußkanal Wichtiges an den Tag: Da war ein Stück Handmühle, Oberteil; unter Führung des Archäologen Dr. Reimo Lunz wurden am aufgeworfenen Schutt Tonscherben entdeckt, deren Vorkommen später nahezu auf der ganzen Kuppe festgestellt worden ist. Aus der Fundlage und der Art darf man zwei Epochen der Besiedlung annehmen: jüngere Bronze- und La-Tène-Zeit (= Eisenzeit).

Überraschend kam der Fund einer Lanzenspitze, die man sich auch als Schabgerät denken könnte, aus braun-grauem Feuerstein. Daneben lag auch eine zerbrochene Pfeilspitze aus hellem und ein schwer bestimmbares Bruchstück aus dunklerem Feuerstein. Es wird der jüngeren Steinzeit zugeschrieben. Erwähnenswert ist in der nördlichen Fallinie der Wohngruben der *Köhler-Tempel.* Vorgeschichtliche Umfriedungsmauern sind deutlich festzustellen, in Form eines Dreieckes, gegen Süden liegend; die Schenkel rund 50 m lang und die Grundlinie 30 m.

Am oberen Ende wird dieses Dreieckgebilde durch eine angedeutete Naturmauer durchquert. Möglich, daß die Bezeichnung *Köhler-Himmelreich* südlich der Wohngruben auch ein Fingerzeig sein könnte. Von hier etwa 10 Minuten westwärts: in einer Landvertiefung ein langgestrecktes, schwach unterteiltes Moorgebiet; daneben Hügel um Hügel, vielfach Steinhalden am Westhang lehnend, zu Häupten auffallend runde Natursteinumrisse. Die Straße nach Prösels überschreitend, erreicht man die *Federer-Natsch.* Hier, wie im tiefer gelegenen *Hanigbühel,* fand Ing. Georg Innerebner vorgeschichtliche Scherben. Näher dem

Eisacktal kommt eine Häusergruppe mit alten Namen, die ein Liebhaber der Vorgeschichte nicht überhören darf: *Frauenbühl, Bühler, Bühlweber, Sonnenburger.*

Beim Anlegen der neuen Straße über *Aicha* und noch viel mehr durch das Aufbrechen langer Gräben für die Bewässerung der Fluren vom genannten Orte, fanden sich die Vorahnungen über Ursiedlungen mehr als bestätigt. Neben der *Feder-Natsch* dürfen hier der *Zafluner-* und der *Fingerbühel* sowie die ungeschützten urgeschichtlichen Siedlungsstätten am *Fingerhof* und anderweitig erwähnt sein. Fachleute stellten überlagerte Siedlungen fest, hineinreichend in die jüngere Steinzeit.

Ergänzen wir diese Fundstätten und Hinweisnamen mit den Wallburgmauerresten und den Scherben, die Arch. Dr. Erich Pattis beim *Gmoanerhof* vorfand, der Branderde am Fuße des Fingerbühels, den kleinen Sandstein mit künstlicher Öse zum Fädenstraffen, beim Weben in der Stein- wie Bronzezeit verwendet, der im Acker unterhalb des Vronthofes lag, so dürfen wir jetzt schon sagen: hier ist urgeschichtlich trächtiger Boden.

Einen Besiedlungshinweis aus dem Ende des ersten Jahrhunderts nach Christus könnte man aus dem Fund einer römischen Münze entnehmen, die unter Kaiser Vespasian geprägt und beim Pflügen eines Kornackers zwischen den beiden Peskolerhöfen zum Vorschein kam.

Bis um 1100 findet sich, soweit heute bekannt, keine Erwähnung von Völser Aicha. Theodor Mairhofers Urkundenbuch führt die Neustifter Urkunde, Nr. 155, aus dem Jahre 1185 an: ... *Chunradus von Säben* vermacht... ein Gut, das in der Gegend von *Vellis* liegt, das *Aichach* genannt wird... „Der Geschichtsfreund" (1867, X, Anmerkung zu 110) vermerkt einen Vertrag, der 1259 in *Aicha plebe Velis* (= Völser Leute) geschlossen wurde.

Womit beschäftigte sich damals die Bevölkerung? Eine wichtige Antwort kommt uns aus dem 1974, S. 77, 353 veröffentlichten ältesten Urbar (= Zinsbuch), erschienen in der Reihe Österr. Urbare, Band V, II. Teil, Neustift, herausgegeben von Dr. Herbert Innerhofer unter Mitarbeit von Prof. Dr. Franz Huter. Es geht um die Zehentabgabe vermutlich dreier Höfe in Völser Aicha; der dritte Hof scheint im neuen Buch nicht auf, doch konnte aus einer Urkundenabschrift entnommen werden, daß der Hof *Guntschai (= Guntschöller)* 1284 dem Stifte zehentpflichtig war. Um die genannte Zeit, zwischen 1278 und 1325, wird als Abgabe verlangt: zwölf ½ hl Wein, 465 l Weizen und ebensoviel Roggen; 310 l Gerste und 310 l Hirse. Im damaligen Maß ausgedrückt waren es: 2 Fuder (= 16 Yhren) Wein, je 15 Star Weizen und Roggen und je 10 Star Gerste und Hirse. Beim Wein ist das Bozner Maß angeführt. Daraus wird die Vielseitigkeit der Anbaufrüchte ersichtlich und die klimatisch günstige Lage. Jeder Zoll Erde, soweit dieser gerodet war, wurde genützt.

Von den alten Höfen, die bis in das 18. Jh. erwähnt werden, finden wir neun davon nicht mehr; nämlich: *Starz, Hu(o)tter, Platzgüetl, Pardell, Frauenbühl, Thönigl, Walsergüetl, Metzvier, Schmiedgüetl.* Pfarrlich gehörte Aicha zur Pfarrei Völs am Schlern. 1780 kam der erste, bleibende Seelsorger hierher, der in Ermangelung eines eigenen Hauses zunächst beim *Pulser*, dann beim *Hanig* wohnte. Im Zuge der Josephinischen Reform wurde 1786 eine Kaplanei errichtet. Die vollpfarrliche Besoldung von Völser Aicha wurde gleich durchgeführt und auch vom Zwischenregiment des Königreiches Italien, vor 1815, als gegeben anerkannt und belassen. Dem entgegenzukommen, erbaute Neustift von 1786 bis 1787 den Widum (= das Pfarrhaus).

Während die Privataufzeichnungen über die Taufe schon ab 1785 vorgenommen werden, darf der Kurat Patriz Schöpfer erst 1825 feierlich das erste kanonische Buch (Taufbuch) einleiten: *...legal mit geistlicher und weltlicher Einwilligung...* Nicht unvermerkt soll bleiben, daß im Zuge der Theresianischen Schulreform auch Aicha mit einer Grundschule (= Volksschule) bedacht wurde, die angeblich noch vor 1780 ihre Tätigkeit aufnehmen konnte. Über hundert Jahre, seit 1857, besteht die Musikkapelle von Völser Aicha und dient zum Wohl und zur Freude der Bevölkerung. Das schlichte Ehrenmal am Friedhof, der 1823 errichtet wurde, erinnert an die Opfer beider Weltkriege: 28 insgesamt, davon 16 aus den Jahren 1914—1918.

Der müde Gang von ziehenden Ochsenpaaren ist im letzten Jahrzehnt nahezu erlahmt. Traktorrattern und Hupe lösen Tierschritt und Fuhrmannsruf ab. Mit der neuen Verbindungsstraße über Aicha—Tiers wird Völser Aicha dem Dornröschenschlaf ganz entrissen. Es sei für einen hellen Tag!

Sehenswürdigkeiten

1. ST. KATHARINA

Die Gemeinde- und Pfarrgrenze, das Ritztal mit dem gleichnamigen Bach, überschreitend, kommen wir zunächst von Tiers nach St. Kathrein, im Gebiet von Völser Aicha. Weingartner erwähnt die Kirche zur hl. Katharina als romanischen Ursprungs; 1293 gibt es davon eine sichere Erwähnung. Baulich lassen sich die Mauern des einhalligen Hauptschiffes und der Unterbau des Glockenturmes darauf zurückführen. Spitzbögen und Maßwerk am oberen Turmteil weisen auf die Spätgotik hin. Die Turmpyramide zeigt eine neuere Prägung auf, wie die Jahreszahl unter dem Helm (1817) angibt. Wohl zwischen 1472 und 1500 werden wir das Einsetzen des Gerippes am Innenraumgewölbe ansetzen dürfen, da um diese Zeit je ein Ablaßbrief vom Fürstbischof Albert von Brixen sowie vom Kardinal Oliverus, mit zwölf weiteren Kardinälen, als Almosenempfehlung ausgestellt wurde. Architektonisch nahmen die Unternehmer einen gewaltigen baulichen Eingriff in das Gotteshaus vor: die romanische Apsis wurde vollends durch eine gotische ersetzt. Was hier noch für die Stilreinheit getan wurde, das wiederholte man später an der Westfassade leider nicht mehr! Das Halbrundfenster über dem Portal, welches die ehemalige Rosette verdrängte und die neu aufgedeckten Renaissancemalereien teilzerstörte, und das neuere, scheingotische Westportal, geben ein beredtes Zeugnis vom stillosen Walten am Beginn des 19. Jh.s.

Ein Blick in den Innenraum läßt aus dem dünnen Überstrichkalk Farben verschiedener Gemälde durchscheinen! Eine vor einigen Jahren vorgenommene Restaurierungsarbeit gab an der Westfassade eine Himmelfahrtsgruppe frei, doch ist die Gestalt Christi, wegen des erwähnten Fensters, am oberen Teil zerstört! Ein gotischer Triumphbogen trennt die Apsis vom Hauptschiff. Am Rippengewölbe der Apsis fallen drei zierliche Schlußsteine auf: Christus und ihm zur Seite St. Michael und St. Katharina. Im Bogen des rechten Apsisfensters ist eine gotische Glasmalerei sichtbar, der Kopf einer Heiligen; wohl der der hl. Katharina.

Die Jahreszahl 1864 auf der Stirnseite des Triumphbogens erinnert an eine Renovierung der Kirche, deren Spuren sich am neugotischen Altaraufbau, an den Gemälden der Altarflügel und besonders nachteilig an allen Holzfiguren bemerkbar machen. Erwähnenswert sind die drei Holzbüsten in der Predella: St. Rosalia, St. Margareth und St. Barbara. Im Altarschrein befinden sich: Madonna mit dem Christuskind, St. Michael mit Schwert und Seelenwaage und St. Katharina mit Schwert, Rad und einem Buch in der linken Hand. St. Florian und St. Sebastian stehen auf der linken bzw. rechten Seite des Altaraufsatzes. Alle Werke sind aus Hartholz und können um 1500 datiert werden wie auch die Kreuzigungsgruppe mit Maria und Johannes.

Links an der Wand hängt ein durch Feuchtigkeit beschädigtes, größeres Ölgemälde, das sich als ehemaliges Hauptaltarbild denken läßt. Dargestellt sind die hl. Katharina und Begebenheiten aus ihrer Lebenslegende. Stilepoche um 1600. Das Ölbild, rechts rückwärts, die Dornenkrönung Christi, schließt sich zeitlich dem Chorstuhl (1650) und den beiden Prozessionsstangen an. Zierlich die erwähnten Stangen: als Kapitell dienen vier Engelsköpfe, mit Fruchtgehängen verziert; darauf steht ein Putto (Kinderfigur) mit gewundenem Leuchter. In die Entstehungszeit genannter Gegenstände fällt auch eine Altarweihe, genauer gesagt 1649; Kanzel, Stationstafeln und zwei kleine Reliefs links und rechts vom Triumphbogen tragen den Stempel des vorigen Jahrhunderts. Die Sakristei, im Turmgeschoß eingebaut, zeigt ein Kreuzgewölbe und beherbergt zwei ältere Holzkästen, vermutlich dem Chorstuhl gleichaltrig. Wertgegenstände mußten leider entfernt werden, so alle wertvolleren Statuen der Kirche. Auskunft darüber kann im Widum von Völser Aicha gegeben werden.

Der Name St. Kathrein verbindet sich vor allem mit den Fresken an der Südaußenwand der Kirche. Ein Flügeldach, das auf polygonalen Kapitellen gotischer Säulenstumpfe aufsitzt, welche hinwieder von einer Stützmauer getragen werden, dazu im Osten und Westen je ein Holzgittereingang, bilden einen geschlossenen Vorraum.

Die Gemälde, von einem unbekannten Meister der Bozner Schule hergestellt, tragen den Charakter einer staunenswerten, originalen Farbstimmung, was sie besonders betrachtenswert macht. Wir müssen von den Zeitschäden am Sockel und den barbarischen Verkritzelungen absehen, deren Spuren bis in die neueste Zeit führen. Manche Missetäter haben sich ja selber verewigt, und so erübrigt es sich, auch nur einen Namen anzuführen.

Zwei Bildreihen mit je sechs Bildern, daran anschließend

St. Michael mit Seelenwaage und St. Christophorus, formen den berühmten Bildzyklus. Wir beschreiben von oben links nach rechts und dann unten in der nämlichen Reihenfolge gehend:

1. Katharina stürzt ein Götzenbild. 2. Katharina vor Kaiser Maximinus. 3. Geißelung der hl. Katharina. 4. Katharina im Gefängnis. 5. Katharina disputiert mit Gelehrten. Unterhalb: 6. Verbrennung der Gelehrten (Bild nahezu zerstört!). 7. Die Kaiserin und ihr Gefolge bekehren sich. 8. Die Kaiserin wird mit ihrem Gefolge enthauptet. 9. Katharina soll gerädert werden. 10. Katharina wird enthauptet. 11. Katharina wird zu Grabe getragen. 12. In der Mitte der Freskenwand: Kreuzigungsbildnis. Im anschließenden Bildnis von St. Michael mit der Seelenwaage liegt tiefe Symbolik und die Todestheologie des Mittelalters verhüllt. Pfauenfedern bei den Flügeln des Erzengels, Sinnbild der Unsterblichkeit; das jugendliche Antlitz will die Geistigkeit noch mehr betonen. Die hingeschiedene Seele, als Homunkulus (Kleinmensch) dargestellt, entspricht der damaligen Vorstellung der Menschenseele; verschwindend wenig Materie (wohl die philosophisch-scholastische *Materia prima* angedeutet) vom Geist belebt. Dann das Abwägen dieser Seele, wobei der Teufel mit Trug Mühlsteine in die Waage gelegt hat, um das Übergewicht für sich zu entscheiden, aber sichtlich ohne Erfolg! Verdienste werden mit einem kostbaren Bündel angedeutet...

St. Michael führt das Richterschwert: die Vorentscheidung über Himmel und Hölle trifft er.

Daneben Christophorus, der legendäre Riese und Heilige, dem ein großer Baum zum Stab dient; auch ihm nimmt der überzeitliche Ausdruck die Schwere des Körpers und das Vergängliche am Menschenleben.

Der Betrachter wird seine Reisetasche auf die Tragmauer des Flügeldaches gelegt haben; er möge noch schnell hinsehen: ein magisches Quadrat liegt, neben Mühlen späteren Datums, auf einer Sandsteinplatte eingezeichnet! Vermutlich ist dieses vorgeschichtliche Relikt nicht weit hergebracht, sondern am oberhalb gelegenen Hügel, beim Dosser, gefunden worden.

2. PFARRKIRCHE ZUM HL. JOHANNES IN VÖLSER AICHA

Eine halbe Gehstunde talauswärts liegt die Kirche zum hl. Johannes dem Täufer, sonnig auf einem unschwer erkennbaren Hügel, in 868 m Höhe, also 5 m niedriger als St. Kathrein (873 m).

Eine sichere Nachricht über die Kirche von Völser Aicha stammt aus dem Jahre 1250, was eine Abmachung *juxta ecclesiam St. Johannis Baptistae in Aichach aufzeigt.* (Entnommen dem Innsbrucker Pestarchiv; herausgegeben im „Tiroler Urkundenbuch" vom Jahre 1957, II. Band — durch Univ.-Professor Franz H u t e r.) Spuren aus dieser Zeit weist der Hauptteil des Turmes auf, eingebaut in die Nordrundung der gleichaltrigen Apsis, sowie die Spuren romanischer Fresken, einen halben cm unter neu aufgedeckten gotischen Gemälden.

Zwei Fensterreihen zieren den Turm, deren untere mit Würfelkapitellen bedacht ist, je eine Tragsäule mit Doppelbogen für eine Turmseite; die obere Reihe zieren spätgotische Spitzbögen. Eine Pyramide deckt den Bau ab. Das einhallige Kirchenschiff wurde erst 1816 neu erbaut, nachdem die ältere Kirche größtenteils abgebrochen wurde, und trägt einen klassizistischen Charakter, der die Innenverzierung kunstgerecht ergänzt. Im Archiv von Neustift bei Brixen wird eine Altarweihe aus dem Jahre 1336 erwähnt (N. Urkunde ZZ/38). Um 1400 wurde die Kirche zum hl. Johannes d. Täufer, jetzt Pfarrkirche, eingewölbt. Aus dieser Zeit blieb noch die Hälfte des Überführungsjoches vom romanischen Triumphbogen in das Hauptschiff übrig und ist heute in der Sakristei sichtbar. Ferner der erhöhte Aufgang in den Turm, ebenfalls von der heutigen Sakristei aus erkennbar, der aber in der Turminnenseite vermauert wurde. Dort ist unverkennbar der ganze romanische Türbogen ersichtlich und gut erhalten. Ein Schlußstein aus der genannten Epoche befindet sich am Westportal, dem Haupteingang, in geschützter Höhe eingemauert: Madonna mit Kind, aus Sandstein und in der Form spätromanischer Darstellungsart. Ein weiterer Schlußstein, Christus darstellend, wurde in der baufälligen, neueren Mauer zwischen Turm und Hauptschiff sichergestellt; er hat aber unter den Hämmern einer früheren Zeit schwer gelitten.

Vor Jahren gelang es dem staatlichen Denkmalamt unter Leitung von Prof. R a s m o, einen Teil der gotischen Fresken in der Apsis freizulegen. Es kam eine Mandorla zum Vorschein mit dem auf einem Regenbogen thronenden Christus, der in der linken Hand den Reichsapfel hält, während die rechte Hand segnend erhoben ist. Ein Perlstab umrahmt die Mandorla und gibt der violett-rotbraunen Grundtönung einen besonderen Gehalt. Zwei Reihen von Fresken zieren den weiteren Apsidenraum, in der

gleichen Grundtönung gehalten wie die erwähnte *Majestas Domini.*
Die vor 15 Jahren begonnene Restaurierungsarbeit wurde nunmehr durch das wohlwollende Entgegenkommen des Landesdenkmalamtes im Herbst 1979 abgeschlossen. Die Arbeiten führte der akadem. Maler Hans Peskoller (Junior) aus Bruneck durch. An der Nordseite der Apsis wurde ein Sakramentshäuschen (aus Sandstein) freigelegt. Darüber Christus, aus dessen rechter Seitenwunde das Blut reichlich in den goldenen Kelch fließt. Auch der Patron, Johannes d. Täufer, fand sich am Triumphbogen, dem Marienbildnis (südseitig) gegenübergestellt. Das alte romanische Fenster wurde wieder eingesetzt, die Türe beseitigt. Es war ein Glück, den oberen Teil des alten Fensters noch vorzufinden, nach altem Maß und erster Bauart. Heute kann die Apsis vorwiegend Taufen und Feiern im kleinen Rahmen dienen.
Unten stehen die Evangelistensymbole: Der Löwe (Markus) und näher bei Christus der Adler (Johannes); dann rechts (vom Betrachter aus) der Engel (Matthäus) und das Rind (Lukas). Über dem letzterwähnten Symbol ein musizierender Engel, mit der Fiedel; auf der Gegenseite ein Engel mit einer Handorgel. Maler und Zeit sind nicht bekannt, doch dürften sie mit der Einwölbung der Kirche (1400) im näheren Zusammenhang stehen. Evangelistensymbole mit den Engeln und der *Majestas Domini* sind wiederum einheitlich umrahmt mit einem doppelten Ornamentik-Gurt: innen Tropfstein, außen Kreuze. Unterhalb der aufgezählten Bilder steht eine Reihe von Aposteln, welche die Gesamtwölbung der Apsis einnehmen. Ein Spruchband mit dem lateinischen Credo, in gotischer Schrift, verbindet die einzelnen Figuren. Ein Sockel von 1,5 m Höhe, nach oben durch einfache Ornamentik abgesondert, trennt die Figuren vom Boden. An der Nordseite konnte nicht alles freigelegt werden, und die Arbeit stieß auf größere Schwierigkeiten, da früher Feuchtigkeit an der Nordseite eingedrungen war. Hier war es aber, daß ein gut handgroßes Freskostück sich lostrennte und Spuren der ursprünglichen Bemalung freigab.
Schaden erlitten die Gemälde durch das Ausbrechen einer Tür an der Ostseite der Apsis und das Einsetzen oder die Vergrößerung eines Fensters an der Südseite. Im Osten kam unverkennbar ein romanisches Fenster zum Vorschein, dessen Unterteil aber durch die erwähnte Tür vernichtet wurde. Eine Jahreszahl über der letzthüllenden Kalkschicht, am Haupt des

Antlitz Christi in der Apsis von St. Johann in Völser Aicha.

Apostels Jakobus — 1796 — gibt wohl Kunde, wann die Apsis zur Sakristei gemacht wurde, die früher im Turmgeschoß untergebracht und auch wenig benützt ward, da es hier bis 1780 keinen eigenen Seelsorger gab, sondern die Seelsorge von Völs aus betreut wurde. An der Laibung des Triumphbogens konnten ebenfalls Fresken aus der gotischen Zeit freigemacht werden: die klugen und die törichten Jungfrauen. Ihr Hochzeitsgang bewegt sich zum Mittelpunkt des Bogens, wo Christus auf dieselben wartet, die törichten hingegen abweist. Am rechten Sockel des Bogens sehen wir nochmals Maria, mit dem Jesukind im Arm und einer Perlenkrone auf dem Haupte. Auf der Gegenseite sind nur schwache Umrisse einer Figur erkennbar. Auf der Stirnseite des romanischen Triumphbogens liegen die Fresken noch unter der Kalkdecke. Das zweite größere Fenster an der Südseite der heutigen Sakristei dürfte wohl in den gotischen Stil umgeformt worden sein.

Ein barocker Engel an der Südseite spricht von der Neuerungssucht der damaligen Zeit und dem Unverstand gegenüber den vorhandenen Gemälden.

Vorzüglich in der Arbeit und in der Verzierung, wenngleich unglücklich übermalt, ist das barocke Tabernakel.

Der Innenraum des Hauptschiffes gibt ein Bild der Einheit wieder und gibt zugleich Zeugnis vom Schaffen einheimischer Kunst und bodenständigen Handwerks. Im klassizistischen Stil der Raum und die Ölgemälde am Hauptaltar und an der Decke. Anton P s e n n e r, in Ums-Völs am Schlern geboren, fertigte 1817 diese Bilder an. Thematik bildet das Leben des hl. Johannes des Täufers, der noch heute als der erste Patron der Kirche gilt. Am Hochaltar die Taufe Jesu im Flusse Jordan; darüber, am Gewölbe, Gottvater. Als nächstes folgt die Darstellung der Geburt des Johannes, dann die Predigt desselben vor ganz unterschiedlichen Zuhörern, und als letztes Bild, über der Sängerempore, die Enthauptung des Täufers.

Braun-goldenes Lorbeergewinde umrahmt die einzelnen Gemälde. Gut abgestimmt ist die Tönung und die Verzierung am Gewölbe und im gesamten Gotteshaus: ein Werk des akademischen Malers Hans P e s k o l l e r (Junior) aus dem Jahre 1971. Die vorhergehende Renovierung geschah 1906, von Michael P a t t i s aus Tiers, der sich streng an den Geschmack der stillosen Zeit hielt. Vor ihm, 1866, war Ignaz S t o l z Restaurator der Kirche, dessen neuromanisches Ausmalen bei der letzten Renovierung aufgedeckt wurde. Die Scheinpfeiler bekamen nun wieder Marmorierung nach der Vorlage von 1816—1817 sowie die Ornamentik an den Apostelzeichen.

Neben dem Hauptaltar stehen noch zwei Nebenaltäre, die 1912 vom Herrn Johann P l a n e r, vom Plunerhof stammend, aus dem Überetsch hierhergeführt wurden. Es sind spätbarocke Holz-

altäre, mit je zwei Paaren kannelierten, granulierten, korinthischen Säulen. Der Rahmenbau besteht aus wertvollem Nußholz, mit eingelegtem Bandwerk. Den Altaraufsatz mit Sprenggiebeln, reich verkröpft, zieren je ein Engelpaar, die am linken Altar die hl. Scholastika, am rechten den hl. Jakobus umstehen. Die Altarblätter stammen von Josef R e n z l e r aus St. Lorenzen im Pustertal, um 1821. Johannes, den Evangelisten auf der Insel Patmos, der die Vision des siebenköpfigen Ungeheuers hat, daneben die Frau, mit der Sonne umkleidet und einen Sternenkranz um das Haupt, stellt das eine Bild dar, das andere den hl. Sebastian am Marterpfahl von Pfeilen durchbohrt.
Die 14 Stationstafeln deuten auf eine Arbeit der Brüder R e n z - l e r aus St. Lorenzen im Pustertal hin, wogegen das *Ecce-Homo*-Bild und die *Mater Dolorosa* auf Psenner deuten.
Erwähnenswert auch die Orgel, eine Arbeit von *S i e s s,* Orgelbauer aus Völs am Schlern. 1870 wurde dieselbe eingeweiht und gilt, trotz einer späteren Renovierung durch Platzgummer, als die besterhaltene Siess-Orgel.
Die beiden Barockstatuen in Holz an der Westaußenseite, St. Matthias und St. Johannes der Evangelist, standen wohl früher am ehemaligen barocken Hauptaltar der Kirche. Die Vermutung liegt nahe, dies sei um die Mitte des 18. Jh.s gewesen, da neben den Holzfiguren das ältere Tabernakel und zwei Altarblätter aus dieser Epoche vorhanden sind.

3. BÄUERLICHE KULTURSTÄTTEN

Als Denkmäler von unvergänglichem Kulturwert stehen die alten Bauernhöfe, sich selbst genügend in ihrer Kraft und verborgenen Schönheit. Mehr als gebührend ist der Hinweis auf einzelne, ehrwürdige Bauten. Etwa auf den P u l s e r h o f mit der breiten Sonnenstirn und den romanischen Kellerräumen. Ein *Ulrich Puls* (1306) und *Nichelin von Puls* (1288) holten hier an Sommergluttagen ihren kühlen Trunk. — Unterhalb der Johanneskirche, die Dachflügel an der Nordseite tief gegen die Erde hängend, schirmt ein Vordach ein altes Fresko und den Rundbogeneingang ab: der F i n g e r h o f. *Huoba ad Vinge... in plebe Velles... zu Ving in Aichach: 1258.* Als freie Bauern sind Nikolaus, Heinrich und Otto *de Vinge* im Jahre 1306 zur Zeugschaft aufgerufen (T. 848 - T. 837). — Hervorzuheben ist der V r o n t h o f, bis 1910 als *Veranthof* erwähnt, mit der 23 m breiten Hausfront, in Naturstein erhalten, dem gekehlten und gewulsteten gotischen

Eingangstor, aus der Mitte stark gegen Osten gestellt. Darüber ein Wappenschild aus Sandstein, in Reliefform Rebmesser, Traube und Rebblatt. Zwischen Wohnhaus und Diele die breite Treppe hinunter zum Osteingang des Kellers. Das Spitzbogenportal, etwas beschädigt, mit 2,10 x 1,60 m Lichtweite, führt in den alten Torgglraum (Raum, wo die Trauben gepreßt werden). Fehlt auch die Torggl (= Weinpresse), so weckt doch ein stattlicher Sandsteilpfeiler in der Vorraummitte rege Aufmerksamkeit. Vier gewaltige Bögen, abwechselnd in Rund- und Spitzbogenform, stemmen sich, auf 1,90 m Höhe, nach allen Richtungen ins Mauerwerk und spannen zugleich die braune Holzdecke ab. Eine nochmalige Unterteilung, in L-Form, dient dem Einlagern des Weines.

Hervorzuheben die Höhe des Kellers mit 5,10 m; die Stärke der Mauern im Lagerraum beträgt 80 cm, während die Außenmauer 90 cm Durchmesser aufweist; ausgenommen auf der weniger belasteten Nordseite, wo 70 cm reichen sollten. Von den Wohnfenstern im Erdgeschoß tragen das Ost- und die zwei Südfenster, alle an der Hausecke, noch die gotischen Sandstein-Fenstergesimse. Der gesamte Wohnbau zeigt deutlich die Spuren eines gotischen Baues, wohl um die Mitte des 15. Jh.s. Es kann sich nur um einen Herrenhof handeln. Die Fürstbischöfe von Brixen waren einst Besitzer dieses Anwesens, das die Stattlichkeit des Baues wahrte, an Besitzausdehnungen aber in den letzten hundert Jahren viel einbüßte.

Den Fahrweg gegen Westen folgend, begegnet uns auf gleicher Höhe der baugeschichtlich interessante Federerhof. Das ostwestgestellte Gebäude fällt dem Wanderer zunächst nicht auf. Er sieht Mauerwerke bis zum Giebel und einen unauffälligen Osteingang. Auswärts, an der Gegenseite, tun sich allerhand Dinge kund: ein polygonaler Turm, über die Baumitte gegen Norden gestellt. Diese Asymmetrie wird beim näheren Zusehen erklärbar: Zwei Bauteile stehen dicht beisammen. Die Sandsteinecksteine, deren man hier in Völser Aicha viele antrifft, deuten unmißverständlich den neueren Anbau gegen Süden an. Das ebenerdige Eingangstor führt in einen Kellerraum, der an der rechten Seite einen wunderbaren, romanischen Türbogen zeigt; dort kommt man in den alten Kelterraum. Auch hier ist nur romanisches Mauerwerk mit Rundbögen erkennbar. Der Weinlagerkeller liegt ein paar Stufen tiefer, unterhalb dieses Raumes. Vom Kelterraum führt eine Öffnung gegen Westen in einen querstehenden, schmalen und einfach gewölbten Vorraum, der uns durch ein altes Tor ins Freie oder links hinauf durch eine Wendelstiege im Innenteil des Turmes in den jetzigen Hausflur führt. An Hand dieses größeren und älteren Teiles des Federerhofes wird klar, daß genannter Turm genau in der Mitte des 9 m breiten Altgebäudes steht, in je 3 m Abstand von den äußeren Hauskanten. Das läßt uns — die Bauweise der alten und der neueren Sandsteinfenster miteinbeziehend — drei Hauptbauperioden erkennen: Eine romanische, im unteren Teil vorherrschend, eine gotische, die im Turm vor allem zur Geltung kommt, und den Zubau, den man wohl für das 17. Jh. datieren könnte.

Früher hieß es beim Soler. *Reimbertus de Soler* wird 1304 als Zeuge angeführt. Auch nach dem Besitzwechsel, der sich noch in der ersten Hälfte des 15. Jh.s vollzog (1416 kauft Neustift die Hälfte des Hofes zu dem Soler; wogegen um 1446 bereits ein *Leonhard Vederer* als Hofbesitzer genannt wird), wird auf den Namen Soler verwiesen. Da heißt es um 1680: *Caspar Föderer vom Solerhof* (T. 832). Keine 100 m südlich stand vor Zeiten ein Turm. Die letzten Steinreste davon wurden erst vor Jahrzehnten entfernt. Es war ein landwirtschaftlicher Besitz, der nach der Hausform „Thurmguet" oder nach dem Besitzer „Thönigguet" genannt wurde. Ein *Lienhard und Niclas von der Thönig* scheinen gegen Ende des 15. Jh.s auf (T. 832). In Flurbezeichnungen lebt der Name dieses erloschenen Geschlechtes in der St.-Johanns-Mulgrei fort.

Eine halbe Gehstunde abwärts geht es zu den Psennerhöfen. Bis zum Dachgiebel Mauerwerk, an der Ostseite herrschaftliches Haupttor mit Kannelüren im Sandsteingebälk und Farbspuren eines verwitterten Gemäldes an der Wand: der Oberpsennerhof. Wer immer durch die Jahrhunderte Eigentümer dieses Gutes war, eines bleibt sicher: der Boden trank den Schweiß der Arbeiter am Hof, wie 1544 den des *Hans Oberpsenner.*

Der Eindruck beim Betrachten der tieferliegenden Gehöfte erinnert an vorgeschichtliche Besiedlungsstätten. Der Gmoanerhof bestätigt, wie bereits dargelegt, diese Annahme. Der Mitterpsenner (heute *Tommele* genannt), in den letzten Jahrzehnten durch Besitzwechsel und Innenumgestaltung geschädigt, zeigt baulich den Charakter eines uralten Hofes: Eine Steintreppe führt vom Westen durch einen romanischen Torbogen in einen kleinen Hausgang. Stark und behäbig, innen die Zeichen

Unterpsennerhof: gotische Stube.

eines Turmes tragend, erweist sich der Nordunterbau des Hofes. Ein alter Kelterraum eröffnet hierzu den Zugang. Pflege und Liebe zum Hof werden den jetzigen Besitzer ermutigen, dies Kleinod zu schützen und dessen verborgene Bauschätze noch mehr zu heben.

Unterpsenner (1446 *Hensel von Passenn).* Meinhards II. Urbare erwähnen 1288 *Paszunne,* was wohl für diesen Hof zutreffend sein mag. Ein romanischer Torbogen führt in das Haus. Besonders wertvoll die einzige noch erhaltene gotische Stube von Völser Aicha; ein sprechendes Zeugnis alter Kulturwärme. Vom Mitterpsenner schlängelt sich steil und mit großen Pflastersteinen belegt der „Spiegelweg“ in Richtung Blumau; ein stummer Zeuge von Pferdehufschlag und keuchendem Ochsengespann im frühen Mittelalter.

Die rechte Abzweigung wählen wir und ziehen talaufwärts, vorbei an Geschichte versiegelten, sonnigen Kuppen, zum Wolfram, Dosser, in das Gebiet vom Prösler Ried.

PRÖSLER RIED

Ein altes Rodungsgebiet, in Windspiel und Sonnenbrand des unteren Eisacktales hineingestellt, von Weinpergeln überzogen, umschattet von den Kronen mächtiger Edelkastanien; so ruhen die vierzehn Gehöfte.

Wolframhof: ein Besitzername klingt auf, der noch im 16. Jh. getragen wurde. Bergeisen und Spaten mag *Gumpo* geschwungen haben, um dem kargen Boden des Gumphofes Bestand zu geben (T. 778 / T. 785). Zalter, um 1404 ein *Pilgerim von Tosalt.* Die Deutung wäre: *doss alt* = Hochbühel (T. 779). Im Zusammenhang mit einem Herrschaftsdienst können die Benennungen Partschill und Fausthof (früher auch *Käseguet* genannt) gebracht werden. Hof *Portschil* (von *porcile* = Schweinehaltung) steht um 1317 zu lesen (T. 783). Um 1568 steht noch die Bezeichnung *Käs* bei *Fausten* (T. 782). Heute steht an der Abzweigung zur neuen Straße über Aicha nach Tiers, das Gasthaus zum „Fausthof“.

Urkundlich zählen der Grafoarhof und Miol zu den ältesten Höfen. *Hof ze Churvay* scheint 1288 auf (T. 787). Der Miolerhof, heute auch Gaststätte, zählte 1372 einen Namensverwandten zu seinem Nachbarn, den Weinhof Obermyol (T. 781). Das Wort *Milium* = Hirse liegt hier zugrunde. *Eckhard von Myol* um 1385; 1281 aber *curia in Miliol* (T. 781). Aus den Annalen des Klosters Neustift (Lib. Test. fol. 35) kann entnommen werden: „... In diesem Jahre (1243) wird die Übergabe ... eines gewissen Weinhofes in *Miliol* seitens der Frau *Mechtilde von Mitterseel* vermerkt ...“

Zu der Frage über den Ursitz der *Herren von Völs,* von dem Mairhofer, Sparber und lebende Heimatkundler die Ansicht ver-

treten, daß derselbe oberhalb des Miolerhofes, am Zalter Bühel gestanden haben soll, soll kurz Stellung genommen werden. Geschichtlich heißt es soviel, daß die Herrn von Völs auf dem Berge *Velles* im 12. Jh. Besitzungen hatten. Man weiß auch, daß um 1366 ihr Besitz im Gericht Steinegg-Karneid verlorenging. Die Bezeichnung *Vels* oder *Velles* wird für die eigentliche Ortschaft Völs wie auch für das zugehörige Gebiet gebraucht. So heißt es auch *Aichach in loco Vels ...* Gesichert ist die beglaubigte Abschrift einer Urkunde (im Kloster Neustift) aus dem Jahre 1302 mit dem Wortlaut: *Curia Miol subtus castrum de Vels ...* Das kann den Schluß zulassen: hier (das ist oberhalb des Miolerhofes) hatten die Herrn von Völs ein Schloß inne. Zu bemerken ist, daß der Volksmund im Prösler Ried von einer Burg am Zalter Bühel erzählt.
Auffällig ist die starke Rodung am Bühel selbst und die Anlagen von Weinreben — alles Tatsachen, die kein Historiker einfach unbeachtet lassen wird.

SCHLOSS PRÖSELS

Vorbei am Rieferhof geht es den Osthang im üppigen Laubwald hinauf, mit freiem Rundblick zum Ritten, den firnleuchtenden Zillertalern und zum Schlern mit Hammerwand. Vor uns hebt sich ein mächtiger Hügel aus dem Boden, gekrönt mit Umfriedungsmauern und Wohnbau des Schlosses Prösels. Nebenan liegt die gleichnamige Ortschaft mit freiem Blick auf das stattliche Dorf Völs. Sparber bringt den Namen Prösels mit *Praesul castelli* im Zusammenhang (= Vorsteher des Schlosses). Der Name könnte von einer kleinen römischen Besatzung herrühren, so man einer Mitteilung der k. k. Centr. Comm. zur Erf. und Erh. der kunsthistorischen Denkmale (XV. Jahrg., Wien 1889, S. 270/222) glauben schenkt. Da wurden auf dem Wege nach Ums, beim Erweitern der Scheune des heutigen Schneiderlehofes, früher Zahlhaus zur Mauer genannt, um 1889 fünf römische Gräber aufgedeckt. Vier Lanzenspitzen, 24 Wurfspieße, alles aus Eisen, lagen darinn, ferner zwei Silber-, 30 röm. Groß- und Kleinbronzemünzen sowie ein Helm mit Krampe und Ohrlappen.

Es wäre denkbar, daß römische Soldaten von dem naheliegenden Kleinbollwerk *Prösels* hier bestattet worden sind. Landschaftlich gesehen würden beide bebauten Hügel um Prösels dienen, die Übergänge von Tiers und Aicha nach Völs zu überwachen.

Der heutige Bau des Schlosses Prösels trägt die Kennzeichen der maximilianischen Zeit. Tortürme, Rondelle und die gesamte Verteidigungsanlage sprechen davon. Leonhard von Völs-Colonna — die Zahlen über dem Eingang, 1517—1518, und die Inschrift belegen dies — war der gewaltige Erneuerer dieses Schlosses. Wohl die Gärung unter den eigenen Untertanen mitberechnend, ließ er zwei aneinandergereihte Zwinger anlegen, durch die der Burghof zu erreichen ist. An der ehemaligen Waffenkammer, die mit dem Hauptturm an der Südwestseite um 1835 in den Abgrund stürzte, erreichte man den Innenhof; Spitzbögen und Achteckpfeiler zieren die offene Loggia. Eine zierliche Wendeltreppe führt in den noch vorzüglich erhaltenen, mit wunderbarer Holztäfelung und Holzkassettendecke in Reliefarbeit ausgestatteten „Rittersaal".

Die Spuren der Renaissance sind neben gotischen Elementen gut erkennbar. Die Führung durch den Besitzer, Herrn Mathà, die klugerweise nur in kleinen Gruppen vorgenommen werden kann, zeigt uns Empfangs- und Aufenthaltsraum sowie das Schlafgemach der einstigen Bewohner des Palas. Dabei können wertvolle Hand- und Werkarbeiten früherer Zeit und verschiedener Herkunft bewundert werden. Ein köstlich geschmiedetes Gitter macht den Zugang zur Terrasse frei, mit einmaligem Rundblick.

Die Schloßkapelle zeigt nur mehr den baulichen Mantel; innen finden sich die Spuren eigensüchtigen Handelns eines früheren Schloßbesitzers: alles, was nicht niet- und nagelfest war, wurde weggeräumt.

Die Edlen von Pranger waren vom 13. bis zum 14. Jh. Besitzer dieses Schlosses, und später ging der Besitz an die Herren von Völs über, die sich unter Leonhard das Adelsprädikat Colonna zulegen durften. 1804 starb in Tirol das Geschlecht der Völs-Colonna auf Prösels aus. Die Plünderungen in der Folgezeit beraubten das Schloß der alten und ortsgeschichtlich unschätzbaren Pergamente. Erst 1872 erstand Baron Alexander von Siebold Schloß Prösels und machte es wieder bewohnbar. Freiherr Alexander von Gumppenberg war von 1897 bis 1917 Inhaber. In der Folgezeit ging der Ansitz durch mehrere Besitzerhände, was dem Inventar auf dem Schloß nahezu ein Ende bereitete. Ein Glück, daß die Waffensammlung in Völs am Schlern eine gepflegte Aufbewahrung fand!

Schloß Prösels — die Turmruine gegen Schlern und Hammerwand.

Doch bereits zur Zeit der Bauernkriege, an denen sich die Leute vom Gericht Völs eifrig und hartnäckig beteiligten, wurde das Gebäude besetzt und teilweise geplündert. Als Schauplatz eines bekannten Hexenprozesses (1510), diente diese Burg. *Anna Oberharderin* (Völser Aicha) und *Anna Miolerin* (Prösler Ried) waren, neben sieben anderen Frauen aus Völs, unter den wegen Hexerei, Zauberei und Teufelsspuck Angeklagten. Bei aller Unschuld dieser Frauen werden ihr häufiges Zusammentreffen, ihre gemeinsamen „Gelage" und der Ort ihres Tuns auf Hügeln den Verdacht und die Phantasie der Glaubenshüter, zu denen sich Herr Leonhard von Völs-Colonna auch bekannte, zum grausamen Vorgehen gereizt haben.

Das Dorf P r ö s e l s auf 908 m Höhe, mit 190 Einwohnern in 23 Gehöften, weist einen anderen Siedlungscharakter als Völser Aicha auf: die Häuser liegen enger zusammengeschlossen und nahezu versteckt hinter der romanischen Turmruine. Funde (heute im Stadtmuseum von Bozen) weisen auf Besiedlung in vorgeschichtlicher und Römerzeit. Da neben dem Turm keinerlei Spuren von Baulichkeiten aufzufinden sind, kann der Schluß Berechtigung haben, daß es sich hier um einen Kreideturm (Signalturm) handelt. Am Fuß des Westhanges lehnt der große B a u m a n n h o f, heute im Besitz getrennt vom Schloß Prösels. Am Gegenhang des genannten Turmes, links und rechts in die Hänge gebettet, liegen die restlichen Dorfhäuser, die Gaststätte und das ehemalige Richterhaus, der P f l e g e r, und die Ortskirche zum h l. N i k o l a u s. Nach diesem Kirchenpatron wurde auch die *Mulgrei zum hl. Nikolaus* benannt, die das Gebiet von Prösels und Prösler Ried umfaßt. Nicht dazu gehörte F l o d und S t a r z, wie heute irrtümlich angenommen wird. Bei Tarneller (Nr. 88) steht es so: *1545 die Güeter Flod u. Starz beienander gelegen in St. Johanns malgrei.* Im 14. und 15. Jh. wird die O r t s k i r c h e v o n P r ö s e l s erwähnt. Aus der romanischen Zeit stammt die Rundapsis. Das Spitzbogenportal mit gekreuztem Rundstab sowie das Netzgewölbe dürften um 1520 entstanden sein, als man die Kirche in die heutige Form brachte. Zeitlich früher (um 1430) sind die Gemälde in der Chorwölbung: Krönung Mariens, Kirchenväter und Evangelistensymbole; darunter in Brustbildform, Christus und 12 Apostel. An der Laibung des Triumphbogens Darstellung von Heiligen und die fünf törichten und fünf klugen Jungfrauen.

Wanderungen im Tierser Tal

Von Tiers taleinwärts

1. **Zum Kirchlein St. Cyprian über Weißlahnbad zur Tschaminschwaige.** Bequeme Kurzwanderung, 1 Stunde. Zwei Möglichkeiten:

a) **Die asphaltierte Fahrstraße** von Tiers nach St. Cyprian (25 Min.).

Beim romanischen Kirchlein zweigt eine Straße links ab (nach 20 m nicht mehr asphaltiert), führt an mehreren Häusern vorbei, und nach 15 Minuten gelangt man zum Dolomitenhotel Weißlahnbad (1179 m). Das Hotel hat Café und Restaurantbetrieb und ist ganzjährig geöffnet. Die Fahrstraße führt 300 m weiter und endet bei der Tschaminschwaige (Jausenstation, Juni bis September einschl. geöffnet).

b) **Die Oberstraße.** Ruhiger und sonniger, anfangs steiler, dann bequemer Spazierweg, 1 Std. bis Weißlahnbad.

Beginn des Weges gegenüber vom Gasthaus »Paradies«, an der Bäckerei vorbei, immer dem bezeichneten Weg entlang, auf die sogenannte »Oberstraße«.
Zweiter möglicher Aufstieg 50 m östlich der Pfarrkirche, von der Hauptstraße steil links ab über einen Wiesensteig, der bald bei einem Wegkreuz zur »Oberstraße« stößt. Nach ca. 25 Min. zweigt der Weg rechts nach St. Cyprian ab. Ein Wegast führt links weiter, an den zwei höchstgelegenen Bauernhöfen vorbei, über die »Prôawiesen« mit herrlichem Blick aufs »Hintertal« und zum Rosengarten. Sehr bequem weiter durch den Wald bis Weißlahnbad und zur Tschaminschwaige.

2. **Ins Tschamintal.** Prächtiger Wanderweg in wildester Dolomitenlandschaft, bez. Weg Nr. 3, 4½ Std. bis Grasleitenhütte.

Von Tiers nach Weißlahnbad und zur Tschaminschwaige. Weiter taleinwärts entlang dem mit 3 bez. Weg bald stärker steigend, auf die Höhe der ersten Talstufe, dann bequem weiter zum Ersten Leger (»Schaferleger«), Wiese mit Almhütte, nicht bewirtschaftet, 1½ Std. ab Weißlahnbad. Nach ¾ Std. gelangt man zum »Rechten Leger (1592 m, Almhütte, Juli und August von einem Hirten bewirtschaftet), von wo aus man einen herrlichen Blick in den Talschluß hat. Von dort aus erreicht man in 2 Std.

die Grasleitenhütte (Rifugio Bergamo, 2129 m). Das Tschamintal kann auch **über die Traunwiesen** erreicht werden. Von St. Cyprian entlang der Nigerstraße. Nach 2 km biegt links ein Forstweg (Nr. 3) ab, der über die Traun- und Doßwiesen ins Tschamintal führt und bald mit dem vorhin beschriebenen Weg zusammentrifft. Ein Wanderweg Nr. 3 zweigt bald nach dem Gasthof Rosengarten in St. Cyprian von der Nigerstraße ab und führt durch den **»Platschwald«** zum **Doßweg** hinauf.

3. **Die Hanickerschwaige.** Durch ihre herrliche Lage, am Fuße der Laurinswand zählt sie zu den begehrtesten Wanderzielen in unserem Gebiet. Bewirtschaftet durch Hirten vom 12. Juli bis 28. September. Alle Zugänge von St. Cyprian bis zum Nigerpaß zweigen von der Straße ab und sind mit Nr. 7 bezeichnet.

Ab St. Cyprian Nr. 3 über die Nigerstraße bis »Runggun« (2,5 km). Links ab durch den Wald (Nr. 7) zur »Plafötschwiese« oder auf der Nigerstraße noch ½ km weiter ebenfalls links ab über einen Forstweg (Nr. 7) nach »Plafötsch«, wo im Sommer eine Almhütte bewirtschaftet wird. Herrlicher Blick auf Rosengarten und zurück ins Tierser Tal. Weiter auf Nr. 7 zum Angelbach und rechts hoch über die Angelwiesen zur Hanickerschwaige (Sennhütte, 1873 m, 2½ Std. ab Nigerstraße). Ein bequemer Anstieg ist möglich, wenn man auf der Nigerstraße bis »Purgametsch« (4 km) fährt. Ab dort folgt man dem Forstweg (Nr. 7; 1 Std. ab Nigerstraße).

Empfehlenswert ist auch der **König-Laurin-Weg:** Ab Nigerhütte den Forstweg entlang bis zum Baumanntal (kurz vor der Baumannschwaige); von da führt der Steig in mehreren Kehren empor zum mittleren »Baumanntumml«. Hier hat man nun die Baumgrenze und den Höhenanstieg erreicht. Auf gleichbleibender Höhe mit wunderschönem Ausblick auf die westliche Gebirgskette führt der gut markierte Steig Nr. 7 in 1½ Std. über Weiden und Bergwiesen zur Hanickerschwaige.

4. **Über den Niger zum Karerpaß oder zur Kölner Hütte.** Über die gut angelegte Asphaltstraße zum Niger (1690 m), 8,5 km - und weiter über die Rosengartenstraße zur Tscheinerhütte, mitten durch Almwiesen zum Karerpaß (1753 m), wo kurz davor die Rosengartenstraße in die Große Dolomitenstraße einmündet, an der — etwas unterhalb der Paßhöhe in Richtung Welschnofen — der berühmte Karersee liegt.

Gesamtschau auf Tiers und den Rosengarten.

Wanderer bevorzugen den **Nigerweg Nr. 1,** der beim Gasthaus »Rosengarten« (100 m nach dem Kirchlein St. Cyprian) oder beim »Cyprianerhof« rechts abzweigt, zum Schwaigerbach führt und dann ziemlich steil über Quarzporphyr zum Waldsattel des Niger emporführt (2 Std.).

Das Nigerhaus ist von Mai bis Spätherbst geöffnet (beschränkte Übernachtungsmöglichkeiten). Beim Nigerhaus zweigt der Weg Nr. 1 links von der Rosengartenstraße ab, führt durch den Wald und dann über Almwiesen zu der schon lange sichtbaren **Kölner Hütte** (2337 m, ital. Rif. Coronelle), heute Rosengartenhütte genannt, empor (2 Std. vom Nigerhaus). Man kann auch von der Tscheinerhütte aus, dicht am **Alpengasthof Jolanda** vorbei, über einen Almensattel zur Kölner Hütte wandern.

Im Norden und Westen von Tiers

1. **Zum Kirchlein St. Sebastian, Wuhnleger und Tschafon.** Ruhige Wanderung, mit Nr. 4 markiert, ab Tiers, 2 Std. Gegenüber Gasthaus »Paradies« links ab, am Schulhaus vorbei bis zur Brücke eines kleinen Baches, hier rechts ab, durch den Wald hoch bis zum Weg 6 U, der links nach Völsegg, rechts nach Weißlahnbad führt. Nach Überquerung des Weges, weiter der Bez. 4 folgend, erreicht man das einsam auf einer Waldlichtung stehende **Sebastiankirchlein** (1266 m, ½ Std., siehe den Teil über die Kirchen von Tiers). Vom Kirchlein aus in westlicher Richtung, Spazierweg über Weiden »Sauboden« durch Föhrenwald, parallel zu 6 U, nach Völsegg.

Der Weg Nr. 4 geht nördlich weiter, unter den rotgelben Felswänden des Tschafon, bald rechts leicht ansteigend hinauf in einen Lärchenwald zur schönen Bergwiese **»Wuhnleger«,** einer Insel der Ruhe, von der aus man einen herrlichen Blick auf den Rosengarten genießt.

Vom Brünnlein weiter mit Nr. 4 durch den Föhrenwald empor bis zu einem Kreuz, wo der Weg 4a von Weißlahnbad heraufkommt. Von dort im Zickzack über den bequemeren Waldsteig oder über den steilen Fahrweg zur **Tschafonhütte** empor (1737 m). Wer vom Wuhnleger nicht denselben Weg zurückgehen will, kann auf 4a nach Weißlahnbad wandern und auf der Hauptstraße oder »Oberstraße« nach Tiers zurückkehren.

2. **Über den Völsegger Hof nach Prösels und Völs.** Lohnende Wanderung. Bezeichneter Weg, 3—4 Std. Gegenüber vom Gast-

haus »Paradies« zweigt von der Hauptstraße links der Weg zum Völsegger Hof ab (Bez. Nr. 6). Er führt am wappengeschmückten Schulhaus vorbei in nordwestlicher Richtung bergauf. Nach 3/4 Std. erreicht man den auf der Südschulter des bewaldeten Tschafon gelegenen **Völsegger Hof** (1160 m), früher adeliger Gerichtssitz (siehe geschichtlichen Teil), heute Eigentum der bischöflichen Mensa. Herrlicher Blick auf Rosengarten, Latemar und zurück ins Dorf Tiers.

Nördlich vom Hof bei einem Bildstock Wegteilung. Rechts führt ein mit 6 U bezeichneter Waldweg zur Oberstraße und nach Weißlahnbad (1 1/2 Std.). Links führt der Weg, ebenfalls mit 6 U markiert, durch die waldige, zerrissene Südflanke des Tschafon, zwischen roten Grödner Sandsteinbrüchen zu den Mungadoier Höfen. Zu Beginn der Mungadoier Wiesen führt der Weg an der Jausenstation »Schönblick« vorbei. Rechts zweigt ein mit Nr. 7 bezeichneter Weg zum Schlern ab.

Der Weg 6 U (auch 0) führt zu einer umzäunten Wiese mit Bildstock, wo sich die Wege teilen.

a) Der Weg Nr. 6 führt halblinks im Wald abwärts zum **»Schnaggenkreuz«** (auch Schnattenkreuz). Dort hat man eine weite, großartige Schau auf das stattliche Völs, hinauf zu den Wänden des Schlern, Hammerwand und Tschafon und hinüber in das verträumte Umser Dörfl.

   Beim Kreuz kommt von links (Nr. 5) ein Weg von Völser Aicha, der weiter nach Ums führt.

   Folgen wir dem Weg Nr. 5—7 in nördliche Richtung, kommen wir in 20 Min. zum Weiler **Prösels** mit der etwas baufälligen St.-Nikolaus-Kirche. Die Besichtigung des Schlosses ist in den Sommermonaten während der Anwesenheit des Besitzers meist möglich.

b) Der andere Weg, der halbrechts von der Kapelle »Mungadoier Bild« abgeht, führt nach **Ums und Völs** (Bez. 0). Zunächst kurz abwärts in einen Graben, dann rechtshaltend hinab zu einer Almhütte und wieder rechts zum Schlernbach hinein. Nach Überquerung des Baches führt ein Weg hinaus zu den Häusern des Dörfchens **Ums** (932 m, 1 Std.), mit einem schönen gotischen Kirchlein von 1504 mit hübschem Fresko (St. Martin) und interessanter Steinskulptur am First. Von Ums über die Straße oder besser auf dem etwas tiefer ansetzenden Weg nach **Völs** (880 m, 1 Std.).

Von Ums rechts haltend auf Weg Nr. 2 kommt man zum **Völser Weiher,** 3/4 Std.

3. **Über Völser Aicha nach Prösels und Völs.** Bez. Weg, bequeme Wanderung, 3—4 Std. Auf der Hauptstraße von Tiers talauswärts zum Frettenkreuz, wo dann die Straße steil abfällt. Ab dem Kreuz dem Weg rechts folgend (Nr. 6a) gelangt man zum Ritztal. Nach der Überquerung des Tales am Hügel droben das Kirchlein **St. Katharina,** ein wohlerhaltenes Juwel aus der Zeit um 1400 (1 Std.; siehe den Abschn. »Völser Aicha«). Ab St. Katharina auf Nr. 5 über Schnaggenkreuz nach **Prösels** (1 Std.). Von St. Katharina über Völser Aicha (Nr. 6) erreicht man Prösels in 1 1/2 Std.

Völs erreicht man entweder vom Schnaggenkreuz aus auf Nr. 5—7, oder von Prösels aus zuerst auf Weg Nr. 3 und dann links ab dem Weg Nr. 5—7 folgend.

Eine ausführliche Beschreibung von Völser Aicha und Umgebung siehe unter eigenem Titel.

Wanderungen im Süden von Tiers

1. **Von Tiers über das Wolfsgrubenjoch nach Welschnofen.** Schöne etwas steile Waldwanderung bez. Weg Nr. 5, 2 3/4 Std. Von der Pfarrkirche taleinwärts auf der Hauptstraße bis vor Gasthof »Laurin«. Dann auf dem Weg Nr. 5 rechts abzweigend hinunter zum Breibach und jenseits hinauf zum Zufallerhof. Oberhalb des Hofes dem Wiesenzaun entlang, durch den Pitschadellwald. Dann links weiter vorbei an einem Kreuz, nach 15. Min. Wegteilung: Links weiter auf Weg Nr. 5, immer durch Wald, kommt man zur Zischglalm. Rechts abzweigend, ebenfalls Nr. 5, den Wald empor zum Wolfsgrubenjoch (1511 m; 2 Std. von Tiers).

Nun rechts auf mit 1 und 5 bezeichnetem ebenem Weg zu einem nur einige Minuten entfernten Kreuz. Da finden wir zwischen zwei Wegen mit Baumästen eingezäunt, die gut erhaltene historische Wolfsgrube. Beim Kreuz führt der mit 5 bez. Weg zu einer kleinen Kapelle hinunter und von dort durch den Wald nach Welschnofen (3/4 Std.) und auf Weg Nr. 1 nach Obergummer.

2. **Von Tiers über Wolfsgrubenjoch zum Nigerpaß.** Schattige Waldwanderung, bez. Weg, ab Wolfsgrubenjoch bis Niger 2 Std.

Am Wolfsgrubenjoch führt links ein anfangs ziemlich steiler mit Nr. 1 bez. Weg durch den Wald. Nach 10 Min. erreicht man den Zischglhof (Gasthaus Schiller) auf einer großen Wiese in sehr schöner Lage. Herrliche Aussicht zu Rosengartengruppe, Cimone und Latemar. In östlicher Richtung führt der Weg weiter (Nr. 1 gut markiert), dem Bergrücken entlang zum Nigerpaß. Man kann auch die neuangelegte Forststraße benützen.

3. **Von Tiers über das Wolfsgrubenjoch zum Gummerberg und nach Steinegg.** Schöne Ganztagwanderung, bezeichneter Weg. Vom Wolfsgrubenjoch aus westwärts auf Weg Nr. 1 durch herrlichen Wald (hübscher Blick ins Tierser Tal und auf den Ritten) zum Gummerberg, Höhenzug zwischen Tierser und Eggental, mit Einzelhöfen, Wald und Wiesen, die der Ortschaft Obergummer angehören. Idyllische Landschaft mit Aussicht auf Latemar und Rosengarten (Abzweigung zum Bauerngasthaus »Zipperle«).

Vom Gummerberg in westlicher Richtung weiter auf Weg Nr. 3 kommt man nach **Steinegg** und **Blumau.** Setzt man aber den Weg Nr. 1 fort, steigt man in langgezogener Wanderung nach **Kardaun** ab.

Vom Bieler Kreuz, auf dem Weg Nr. 3 in Obergummer, zweigt ein Weg rechts ab und führt abwärts direkt nach Breien (1 Std.) im Tierser Tal, von wo aus die Gelegenheit besteht, mit dem Postauto nach Tiers zurückzukehren.

Von Breien nach Steinegg. Bez. Weg Nr. 2, 1 Std. In Breien im Tierser Tal oberhalb von Gasthaus »Halbweg« (»Zollwirt«) zweigt bei der Brücke über den Breibach der Weg Nr. 2 nach Steinegg ab. Zuerst ziemlich steil ansteigend, an einigen Höfen vorbei, biegt der Weg in westlicher Richtung in den Wald und führt dann abwärts auf die Ortschaft Steinegg zu. Auf diesem Wege kann man rechts unten in einer Talschlucht eine Gruppe **Erdpyramiden** sehen. An der Weggabelung Nr. 2 und 3—4 begegnet man einer bemerkenswerten Bildsäule, deren Schaft mit 1523, der Aufsatz mit 1746 datiert ist. Man heißt diesen Bildstock und die Kapelle daneben **»Weißenbild«** (nach den **weisen** Hl. Drei Königen).

Das Dorf **Steinegg** (ital. Collepietra, 820 m) gehört zur Gemeinde **Karneid.** Es liegt in sonniger Lage auf einem Gebirgsvorsprung zwischen Tierser und Eggental mit herrlichem Ausblick sowohl zum Schlern und Rosengarten, als auch auf das gegenüberliegende Hochplateau des Ritten und hinunter in den Talkessel von Bozen. Man erreicht Steinegg auch mit dem Auto von Blumau aus über eine kurvenreiche Asphaltstraße (5 km).

Über Spazierwege usw. werden im dortigen Verkehrsbüro Auskünfte erteilt. Besonders erwähnenswert ist der **gotische Bildstock mit Pyramidendach** beim »Ebenhof« (am Ortsausgang auf dem Weg nach Kardaun), eines der schönsten und ältesten Beispiele seiner Art vom 15. Jh.

Die Ortschaft Steinegg wird schon im Jahre 1298 als **Gericht** urkundlich erwähnt. Zu diesem Gericht auf der Feste Steinegg gehörte damals auch Welschnofen; 1412 kam auch Gummer und 1441 Kardaun zum Gericht Steinegg. Von den Herren von Steinegg zeugt heute noch eine **Burgruine** unterhalb des Dorfes am Fußweg nach Blumau, die wahrscheinlich um die Wende vom 12. zum 13. Jh. als Wohnburg erbaut, später umgebaut wurde. Unter Herzog Friedrich IV. dürfte die Feste zerstört und danach nicht wieder aufgebaut worden sein. 1385—1764 war das Gericht im Besitze der Herren und späteren Grafen von Lichtenstein. Nach deren Aussterben ging es als Pfandlehen auf die Stadtgemeinde Bozen über. 1808 wurde es verstaatlicht. **Die Pfarrkirche** zu den hl. Petrus und Paulus wird 1322 erstmals erwähnt. Vom damaligen Bau ist noch der Sockel des Turmes erhalten. Das heutige Langhaus wurde in der Mitte des 15. Jh.s erbaut, während der Chor 1664 errichtet wurde. Das Innere der Kirche stammt aus dem Ende des 19. Jh.s. Im Jahre 1971 wurde der Innenraum umgestaltet; auch hier Fresken des Schlesiers Henrici.

Das Bergsteigerdorf Tiers und seine alpine Tradition

Am 31. August und 1. September 1974 wurde die Hundertjahrfeier zur Erstbesteigung der Rosengartenspitze begangen. Zu dieser Feier wurde von Dr. Josef Rampold folgende Festschrift verfaßt:

Anläßlich der Hundertjahrfeier zur Erstbesteigung der Rosengartenspitze am 31. August 1874 durch die Engländer C. C. Tucker

J. H. Carson mit dem Führer François Devouassoud aus Chamonix mag es angezeigt erscheinen, einen kleinen Rückblick über die alpinistische Entwicklung des kleinen Bergtales von Tiers zu halten. Denn der Rosengarten ist in all seiner Schönheit nichts ohne das Dorf zu seinen Füßen, er wäre ohne Seele, wollte man die grünen Matten zu seinen Füßen nicht sehen und nicht das vom Menschen gerodete Land, in dem schon im Jahre 999 eine Siedlung urkundlich als *Tyersch* aufscheint; aber wir wissen, daß die Gegend in prähistorischer Zeit besiedelt war, vom kleinen und kräftigen Volk der Rätoromanen, in denen wir wohl die »Zwerge« Laurins sehen dürfen, die dann den Heerhaufen der Völkerwanderungszeit, den »Riesen« unter Theoderich-Dietrich weichen mußten.

Das Tal ist durch Jahrhunderte Bauernland, und erst im ausgehenden 19. Jahrhundert erwacht das alpinistische Interesse. Zuerst sind es die sportlichen Engländer, die hier wie anderwärts die großen Pionierleistungen vollbringen, später kommen die Deutschen, Franzosen und Engländer, nunmehr schon begleitet und bald auch überflügelt von den Einheimischen und vor allem von den jungen Bergsteigern des nahen Bozen, wo schon 1869 eine Sektion des damaligen Deutschen Alpenvereins gegründet wird, der sich 1873 zum Deutschösterreichischen Alpenverein zusammenschließt. Tiers hält mit diesem Verein seit eh und je engen Kontakt, auch in der Zeit, in der alle deutschen Alpenvereine in Südtirol verboten sind (1923—1945), und ist wieder dabei, wie man den Südtiroler Alpenverein aus der Taufe hebt. Heute ist Tiers eine der aktivsten Ortsstellen dieser Sektion und hat auch eine eigene Bergrettungsdienstgruppe.

Das Tor zum Rosengarten hat schon früh »Tiers« geheißen. Wenn auch die allerersten Begeher, wie Tucker und Carson, zunächst von Osten her, durch das leichter zu begehende Vajolettal gekommen waren, so wird durch die Eröffnung des Santnerpasses am 19. Juni 1878 gewissermaßen auch der Riegel von dieser Seite aus aufgestoßen; Begleiter Santners, des Mannes, der sonst seine großen Felsfahrten meist allein durchführte, war ein Tierser — Alois Villgrattner. Damit beginnt die Bedeutung von Tiers als Stütz- und Ausgangspunkt für die großen Felsfahrten im Rosengarten.

Eine Bergführergilde bildet sich schon bald nach dieser ersten Phase. Die Führer werden in eigenen, strengen Ausbildungskursen durch den Alpenverein geschult und spezialisieren sich vor allem auf die heimatliche Bergwelt von Tiers. Die größten unter ihnen finden wir jedoch schon bald als Begleiter bekannter Bergsteiger und Expeditionsreisender in aller Welt, so vor allem den tüchtigen Franz Schroffenegger, der mit Gottfried Merzbacher im Hindukusch (Tien-schan) tätig ist und — zusammen mit Franz Wenter aus Tiers — zu den berühmtesten Bergführern in der Glanzzeit des klassischen Alpinismus zählt. In der Nordwand der Laurinswand haben sich die beiden berühmten Tierser Bergführer mit einer heute noch geachteten, eleganten und schwierigen Route ein unvergängliches Denkmal gesetzt. Es beginnt nun ein edler Wettstreit, an dem auch die besten Führer des benachbarten Fassatales teilnehmen, vor allem Antonio Dimai und Luigi Rizzi. Prüfstein für die besten Kletterer der Welt jedoch werden die drei wilden Felstürme von Vajolet.

Der Kampf um die Türme von Vajolet steht mit goldenen Lettern in den Annalen des Alpinismus. Der blutjunge Georg Winkler erklimmt allein den östlichsten Turm, der Ahrntaler Bergführer Johann Niederwieser, genannt Stabeler, bezwingt zusammen mit seinem Herrn Dr. Helversen den »Stabelerturm« — und den ersten, den kühnsten von allen, den holt sich 1895 im Alleingang Hermann Delago — derselbe Delago, der führender Kopf und treibende Kraft in einem extremen und geradezu legendären Kletterklub ist, und dieser Klub nennt sich »Die Tschamintaler«; das wilde und romantische Tal, das sich von Tiers gegen Schlern und Rosengarten zieht, wird zum Symbol der besten Bozner Kletterer und ihrer Freunde aus Tiers. Heute noch ist das Tschamintal ein nahezu unversehrtes Juwel der Ostalpen und ein wahres Schaustück der an grandiosen Bildern gewiß nicht armen Bergumrahmung von Tiers. Die Ortsstelle des Alpenvereins in Tiers hat erst in den letzten Jahren die teilweise zerstörten Wege wieder gangbar gemacht, durch die Bärenfalle, durch das Bärenloch und hinauf zur Grasleitenhütte.

Die Betreuung der Schutzhütten und Wege ist ein weiteres wichtiges Arbeitsgebiet der Tierser Bergsteiger. In ihrem weiteren und engeren Bereich liegen Schlernhaus, Schutzhaus Tierser Alpl, Tschafonhaus und Grasleitenhütte, die Gartlhütte und die Hütte am Santnerpaß, die von Seilbahntouristen übervölkerte Kölner Hütte und als Stützpunkt am Fuß des Rosengartens Hanickerschwaige und Nigerhütte. Ein Treffpunkt der Klettergilde »Bergler« ist seit Jahrzehnten deren kleines Klubheim zu Füßen der Laurinswand.

Die neuere alpine Entwicklung hat zur Erschließung extrem schwieriger Routen in König Laurins Rosengarten geführt, deren Beschreibung in den Spezialführern enthalten ist. Wiederum sind es die besten Bergsteiger der Welt gewesen, die hier ihr Können zeigten, und wieder haben auch die Alpinisten und Bergführer aus Tiers namhaften Anteil an diesen Erfolgen. Deshalb mit Fug und Recht die Bezeichnung *Bergsteigerdorf Tiers.* Das Dorf am Fuß des Rosengartens ist Stützpunkt für alle, vom einfachen und besinnlichen Bergwanderer bis zum Exremalpinisten. Es gibt in Tiers keine Seilbahnen und keine »Attraktion« — Tiers ist und bleibt das unverfälschte Bergsteigerheim zu Füßen eines der schönsten Berge der Welt.

Bergtouren und Schutzhütten

SCHUTZHAUS TSCHAFON (1728 m)

Privathütte; bewirtschaftet von Mai bis Oktober; 15 Betten; erreichbar direkt von der Ortschaft Tiers aus auf Weg Nr. 4, vorbei am St.-Sebastians-Kirchlein (1266 m) zum Tschafonkreuz und Tschafon in 2 Std.; von Weißlahnbad aus zuerst auf Weg Nr. 4a bis zum Tschafonkreuz und weiter wie oben auf Nr. 4 in 1½ Std. Vom Schutzhaus aus kann man in 20 Min. die Völsegger Spitze erreichen (1834 m). Einmaliger Rund- und Fernblick. Der Weg Nr. 4 führt von der Tschafonhütte weiter durch den Wald über Ums nach Völs (2½—3 Std.).

Über Weg Nr. 9 gelangt man in 4½—5 Std. über Hammerwand (2124 m), Nigglbergköpfe (2161 m), Mittagskofel (2186 m), Tschafatschsattel (2069 m) zum Schlern (2561 m). Umgekehrt kann man von Weißlahnbad durch die Bärenfalle über Weg Nr. 2 bis zum Tschafatschsattel und westlich über Mittagskofel und Hammerwand zum Tschafon (5½ Std. - Weg Nr. 9).

SCHLERNHAUS (2451 m)

Erbaut vom DÖAV, Sektion Bozen; eröffnet 1885. Übernachtungsmöglichkeiten für 120 Personen; bewirtschaftet von Juni bis Ende September. Der sogenannte Petz (2561 m) ist der höchste Punkt des gewaltigen, massiven Schlernstockes.

Vom Schutzhaus nördlich in 20 Min. auf den aus grobem Getrümmer bestehenden höchsten Gipfel, mit unvergleichlich schönem Panorama. Hauptzugänge:

Von Tiers zum Schlern führt der kürzeste Weg bei Weißlahnbad links ab (Nr. 2) durch die Bärenfalle über den Tschafatschsattel in 4 Std. Ein weiterer Weg führt durchs Tschamintal bis zum Bärenloch auf Nr. 3, durchs Bärenloch bis zur Abzweigung Tierser Alpl, von dort nach Westen über Roterd- und Schlernböden zum Schlern (6 Std.).

Den Schlern erreicht man auch: von Völs aus durch die Schlernschlucht, von Seis aus über Bad Ratzes zur Schlernbödelehütte und über den Touristensteig sowie von der Seiser Alm aus.

TIERSER-ALPL-HÜTTE (2435 m)

Neue Privathütte unter den Roßzähnen.
Wichtiger Aus- und Übergangspunkt; Übernachtungsmöglichkeiten für 30 Personen. Bewirtschaftet von Juni bis Ende September vom Hüttenwirt und Bergführer Max Aichner.

Von Tiers durchs Tschamintal und Bärenloch Nr. 3. 3½ Std. Von der Grasleitenhütte über den Molignonpaß Nr. 554 in 1½ Std. Vom Schlern über Roterd in 2½ Std. Vielbegangener Übergang zur Seiser Alm. Ausgangspunkt zu den Roßzähnen (höchster Gipfel, 2651 m). Erreichbar über einen Klettersteig (»Maximilian-Steig«) in 20 Min. Herrlicher Rundblick. Der Klettersteig führt weiter zur Roterdspitze (2655 m). Der Steig wurde vom Hüttenwirt neu angelegt und ist für sichere und schwindelfreie Berggeher anzuraten. Tierser Alpl ist auch Ausgangspunkt für viele leichte und schwierige Klettertouren im Bereich Molignonpaß (2852 m), Seewand (2762 m), Fallwand (2816 m), Kesselkogel (3002 m) und andere.

GRASLEITENHÜTTE (2129 m)

Erbaut im Jahre 1887 vom DÖAV, Sektion Leipzig. Heute CAI-Hütte der Sektion Bergamo. Bewirtschaftet von Ende Juni bis Ende September. 35 Betten und 32 Matratzenlager.

Zugang von Tiers aus durch das idyllische Tschamintal bis zum Bärenloch auf Weg Nr. 3, von dort rechts ab auf Nr. 3a ins Grasleitental. Die Grasleitenhütte steht majestätisch, umrahmt von mächtigen Felswänden auf einem Grashügel und ist als Ausgangspunkt für Kletterer sehr geeignet.

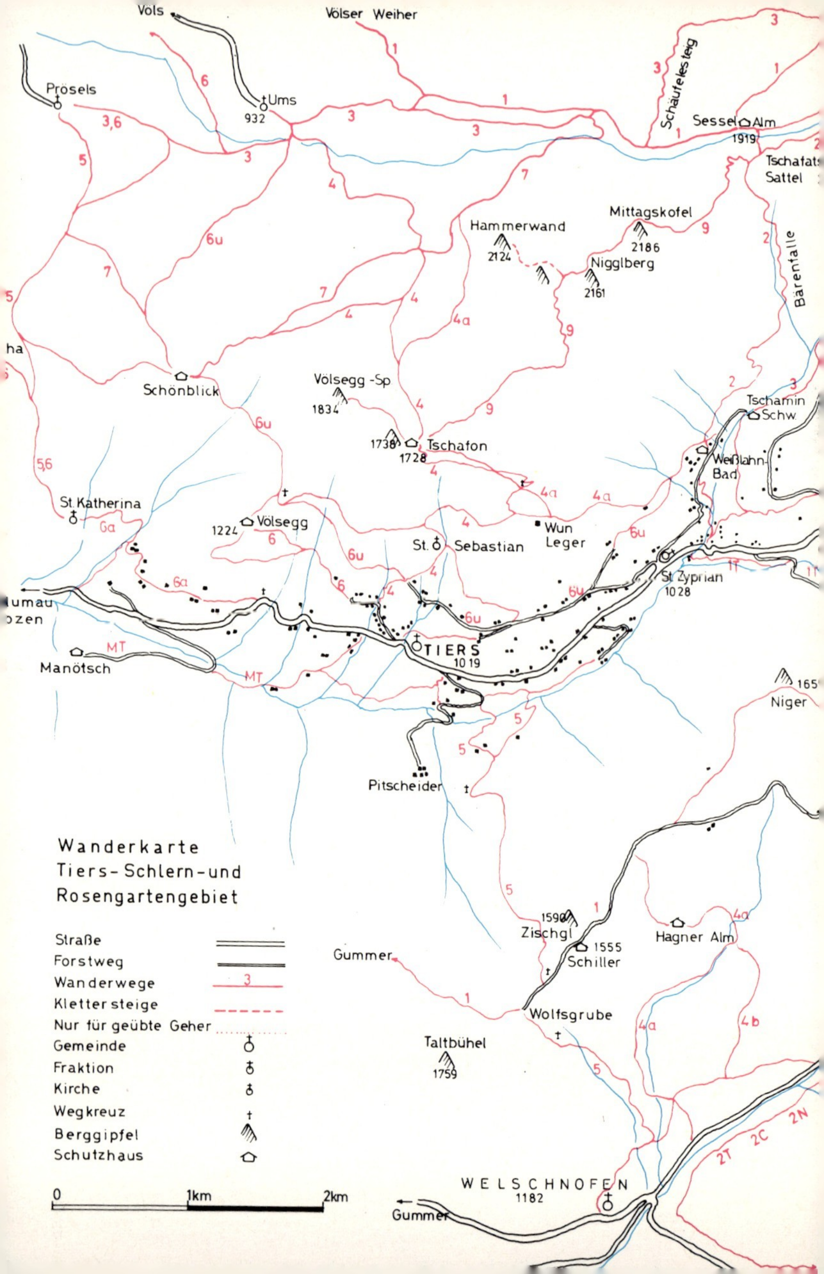

Vols
Völser Weiher
Prösels
Ums
932
Schäufelesteig
Sessel Alm
1919
Tschafatsch Sattel
Mittagskofel
2186
Hammerwand
2124
Nigglberg
2161
Bärenfalle
Schönblick
Völsegg -Sp.
1834
1738
1728
Tschafon
Tschamin Schw.
Weißlahn-Bad
St. Katherina
1224
Völsegg
St. Sebastian
Wun Leger
St. Zyprian
1028
Manötsch
TIERS
1019
Niger
Pitscheider
Wanderkarte
Tiers-Schlern-und
Rosengartengebiet
Straße
Forstweg
Wanderwege
Klettersteige
Nur für geübte Geher
Gemeinde
Fraktion
Kirche
Wegkreuz
Berggipfel
Schutzhaus
1590
Zischgl
1555
Schiller
Hagner Alm
Gummer
Wolfsgrube
Taltbühel
1759
WELSCHNOFEN
1182
Gummer
0
1km
2km

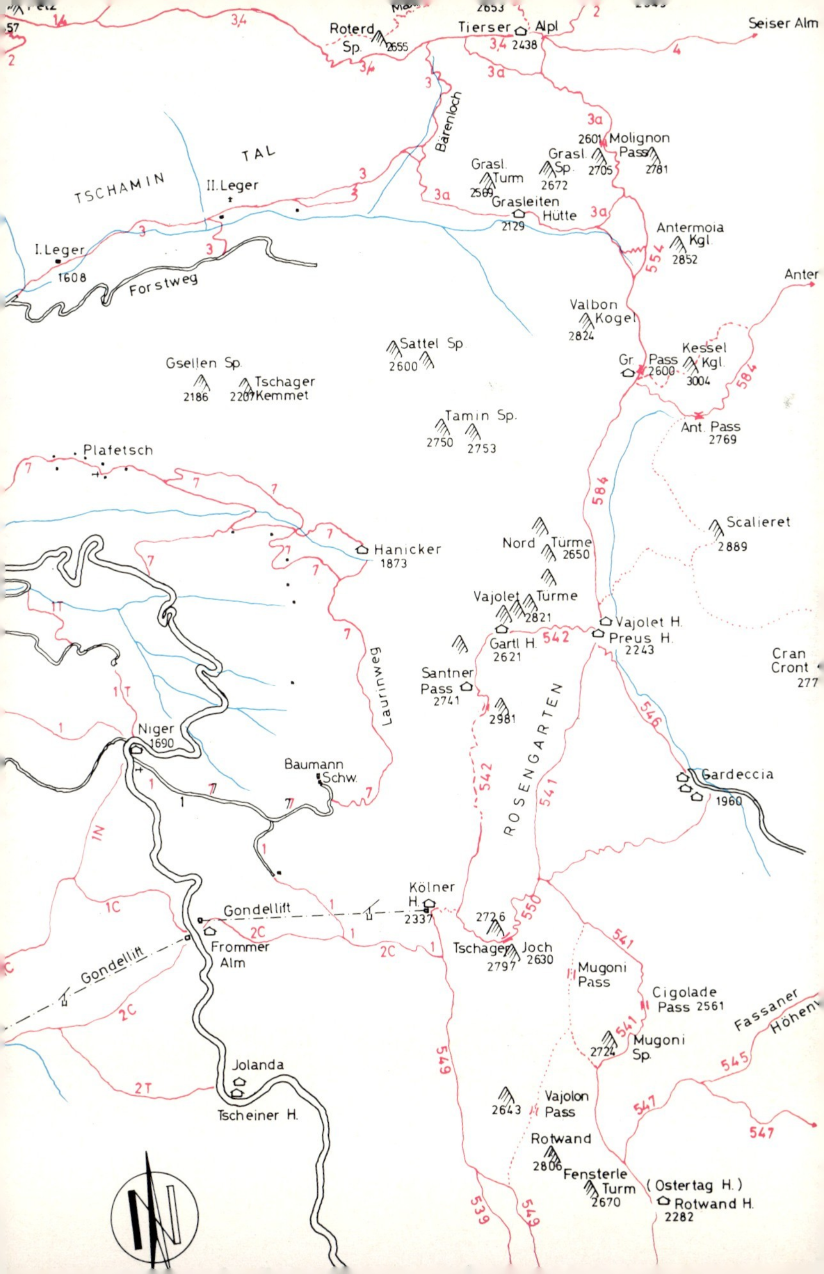

Roterd Sp. 2655
Tierser Alpl 2438
Seiser Alm
Bärenloch
TSCHAMIN TAL
II. Leger
I. Leger 1608
Forstweg
Grasl. Turm 2569
Grasl. Sp. 2672
2601 Molignon Pass
2705
2781
Grasleiten Hütte 2129
Antermoia Kgl. 2852
Anter
Valbon Kogel 2824
Sattel Sp. 2600
Gsellen Sp. 2186
Tschager Kemmet 2207
Gr. Pass 2600
Kessel Kgl. 3004
Ant. Pass 2769
Tamin Sp. 2750 2753
Plafetsch
Scalieret 2889
Hanicker 1873
Nord Türme 2650
Vajolet Türme 2821
Vajolet H.
Preus H. 2243
Gartl H. 2621
Cran Cront 277
Laurinweg
Santner Pass 2741
2981
ROSENGARTEN
Niger 1690
Baumann Schw.
Gardeccia 1960
Kölner H. 2337
Gondellift
2726
Tschager Joch 2630
2797
Frommer Alm
Mugoni Pass
Cigolade Pass 2561
Fassaner Höhenw
Gondellift
2724
Mugoni Sp.
Jolanda
Tscheiner H.
2643
Vajolon Pass
Rotwand 2806
Fensterle Turm 2670
(Ostertag H.)
Rotwand H. 2282

Höchster Berggipfel in nächster Nähe der Kesselkogel (3002 m), in 3 Std. erreichbar; gesicherter Klettersteig, unschwierig. Von der Grasleitenhütte aus Übergänge zum Tierser Alpl, Schlern, Seiser Alm und in die andere Richtung zum Grasleitenpaß (2597 m; Grasleitenpaßhütte am Weg), Antermoja, Vajolethütte, Gardeccia, Gartlhütte und über den Santnerpaß zur Kölner Hütte.

VAJOLETHÜTTE (2243 m)

Erbaut vom DÖAV, Sektion Leipzig. Heute CAI-Hütte von Trient. Bewirtschaftet vom 15. Juni bis 30. September; 50 Betten und 50 Lager. Daneben steht die Preußhütte, die ebenso bewirtschaftet ist.
Einfachster und schnellster Zugang mit Auto durchs Fassatal bis zur Abzweigung (nö.) von Pera zum 1960 m hoch gelegenen Schutzhaus Gardeccia (38 Betten und Lager); von hier in 1 Std. auf Weg Nr. 546 zur Vajolethütte. Von dort aus ist der leichteste und kürzeste Aufstieg über Zickzacksteig und Felsstufen zur Gartlhütte (ital. Re Alberto, 2610 m; 1 Std.) und weiter in 20 Min. zur Santnerhütte und zum Rosengartenspitze-Einstieg.
Die Vajolethütte ist Ausgangspunkt zum Grasleitenpaß durch das Vajolettal und zum Kesselkogel (3002 m). Über den Grasleitenpaß, wo auch eine kleine Hütte steht, die bewirtschaftet ist und Übernachtungsmöglichkeiten bietet, gelangt man zur Grasleitenhütte, zum Tierser Alpl, zum Schlern und zur Seiser Alm. Über den Antermojapaß (2774 m) zur Antermojahütte 2½ Std. Nach Süden auf Weg Nr. 541 gelangt man über den Cigoladepaß (2561 m) zur Ostertaghütte und weiter, vorbei am Denkmal für Dr. Theodor Christomannos († 1911, Förderer des Fremdenverkehrs und Erbauer der Dolomitenstraße durchs Eggental, 1908), Zur Paolinahütte und über den Hirzlweg zur Kölner Hütte in 5—6 Std. Die Kölner Hütte erreicht man von der Vajolethütte auch über den Weg Nr. 550, der nach etwa ¾ Std. vom Weg Nr. 541 nach rechts abbiegt und übers Tschagerjoch (2644 m) zur Kölner Hütte führt (2½ Std.). Alle diese Touren sind nicht schwierig. Die Vajolethütte ist schon von jeher ein berühmter Ausgangspunkt für Klettertouren.

KÖLNER HÜTTE (2337 m)

Erbaut vom DÖAV, Sektion Rheinland; abgebrannt 1966, wiederaufgebaut 1969 und bewirtschaftet von Ende Juni bis Ende September. 35 Betten.

Herrliche Aussicht zu den Berggruppen: Ortler, Ötztaler, Stubaier, Brenta, Presanella und Adamello.

Von der Nigerstraße bzw. von der Frommeralm aus mit einem Korblift in 20 Min. erreichbar; oder von der Nigerhütte ein Stück über die Forststraße und später auf Nr. 1 bzw. Fuhrweg (1½ Std.). Von der Paolinahütte (2127 m) über den Hirzlweg in 1½ Std. Herrliche Aussicht auf die südlichen und westlichen Gebirgsketten. Weitere Aufstiege von der Frommeralm und Tscheinerhütte über die Almwiesen in 1½ Std.

Übergang über das Tschagerjoch (Nr. 550) zur Vajolethütte, 1½ Std. Aufstieg über gesicherten Klettersteig zum Santnerpaß und zur Santnerpaßhütte (2741 m). Sehr lohnend. Trittsicherheit und Schwindelfreiheit Voraussetzung (bzw. mit Führer), 2 Std. Von Santnerpaßhütte aus zur Rosengartenspitze (2998 m) über freie Kletterei 1 Std., für geübte Bergwanderer oder mit Führer.

SANTNERPASSHÜTTE (2741 m)

Erbaut 1956, Privathütte; am obersten Rande des Gartls; Übernachtungsmöglichkeiten, gute Bewirtschaftung.

Aufstiegsmöglichkeit von Kölner Hütte aus siehe oben. Von Vajolethütte aus über Zickzacksteig und Felsstufen in 1½ Std. Von der Hanickerschwaige über Laurinpaß zum Gartl nur für gute Kletterer (2 Std.). Vom Gartl aus gibt es viele Klettertouren für geübte Bergsteiger auf die herrlichen Vajolet-Südtürme (Delago-, Stabeler- und Winklerturm).

Wichtige Hinweise

Alle Wanderungen, Hüttenzugänge und Übergänge sind im Dolomiten-Wanderbuch von Hermann Delago genauestens beschrieben. Die Klettertouren hingegen findet man im Dolomiten-Kletterführer (Band Ia) von Dr. Gunther Langes.

SICHERHEIT AM BERG

Die Alpen erleben immer mehr Zustrom durch den Tourismus und die Bevölkerung aus der Stadt. Die Bergunfälle haben in

Gipfelkreuz auf der Rosengartenspitze.

letzter Zeit alarmierend zugenommen. Deshalb ist es notwendig, daß immer wieder auf die Gefahren der Berge hingewiesen wird. Die Bergtouren sind oft sehr lang und anstrengend.
Sportliches Trainieren zu Hause und Wandern im Gebirge ist nicht dasselbe. Mit der ansteigenden Höhe im Gebirge nehmen die Gefahren immer stärker zu. Müdigkeit, Kälte, Wettersturz oder Nebel führen oft zur Unsicherheit und erhöhen die Gefahren. Hauptursachen der meisten Unfälle sind die fehlende Erfahrung, mangelnde Ausrüstung, Unkenntnisse der Gefahren und auch Fehler im Umgang mit der vorhandenen Ausrüstung. Bei jungen Leuten kann es auch oft Leichtsinn sein. So wie jede andere Sportart, muß auch das extremere Bergsteigen durch Schulung, Übung und durch langjährige Erfahrung erlernt werden.

Lieber Wanderer, denke immer vor jeder Bergtour an die Ausrüstung und Kleidung, so daß Du einem eventuellen Wettersturz standhalten kannst.

Trage Dich beim Verlassen der Hütte ins Hüttenbuch ein. Wenn Du eine Bergtour machst, sage dem Hüttenwirt Bescheid. In Zweifelsfällen lasse Dich über die Weiterwanderung vom Hüttenwirt beraten. Auf dem Berggipfel schreibe Deinen Namen ins Gipfelbuch, es kann Dein Lebensretter sein.

Bevor Du von der Hütte losgehst, kontrolliere Deine Gesundheit. Turne Deine Glieder warm. Wenn Du vom Auto aussteigst, oder mit der Bergbahn ankommst, sind Deine Füße ausgekühlt und die Glieder steif, hart und ungelenk. Dies könnte leicht zu Krämpfen und Brüchen führen.

Gehe vorsichtig, besonders auf schmalem Felspfade. Wage Dich nicht zuweit über Abgründe vor. Trete keinen Stein los und wirf keine Gegenstände weg, denn Du gefährdest Deinen Mitmenschen und Dich selbst. Mache keinen Lärm, denn damit störst du den Bergfrieden. Schallwellen können Steinschlag und Lawinen auslösen und größtes Unheil hervorrufen.

Überschätze nie Deine Leistung im Berggehen und habe immer den Mut und die Kraft rechtzeitig umzukehren, wenn es Dir auch schwerfallen mag.

Lasse Dir in den Bergen zu allem Zeit. Die Eile gehört nicht dahin, sie macht Unsicherheit, führt zu Ermüdungen und ruft Schwächeanfälle hervor.

Bleibe auf den markierten Wegen und mache keine Abkürzungen, sonst könntest Du auf Irrwege kommen und Dich nicht mehr zurechtfinden.

Erschrecke keine Waldtiere. Sie sind wie Du, sie lieben ihr Leben und die Natur.

Pflücke keine Blumen, die gesetzlich geschützt sind. Sie sind am Berg viel schöner als auf Deinem Hut und leben genau so gern wie Du. Sie gehören der Natur. Viele haben wegen eines Edelweißes ihr Leben lassen müssen.

Packe den Rucksack so, daß er Dich nicht drückt. Eine kleine Apotheke mit dem Notwendigsten für Erste Hilfe gehört auch hinein. Sei kameradschaftlich und hilfsbereit. Je größer die Gefahr, um so stärker ist der Zusammenhalt.

Alpines Notsignal

Bergsteiger, die sich in Not befinden und Hilfe beanspruchen geben das Notsignal in der Form, daß innerhalb einer Minute sechsmal in regelmäßigen Zwischenräumen ein Zeichen gegeben wird, hierauf eine Pause von einer Minute eintritt, worauf wieder das Zeichen sechsmal in der Minute gegeben wird, und so fort, bis irgendwoher eine Antwort erfolgt. Die Antwort der Rettungsmannschaft wird erteilt, indem innerhalb einer Minute dreimal in regelmäßigen Zwischenräumen ein Zeichen gegeben wird. Die Zeichen können hörbare (lautes Rufen, Pfeifen, Schießen u. dgl.), sichtbare (Heben eines weithin sichtbaren Gegenstandes, weißes Tuch, Spiegelung, Laterne u. dgl.) sein.

BERGRETTUNGSDIENST (BRD)

Das Bergdorf Tiers verfügt über eine gut geschulte und hart trainierte Bergrettungsgruppe. Die 21 Männer und eine Frau (einzige BRD-Frau in Südtirol) üben Winter und Sommer, damit im Notfall ein Einsatz in den Bergen gut und möglichst rasch vor sich gehen kann. Der BRD ist freiwillig, soll aber nur im Ernstfall gerufen werden. Derjenige, der den Einsatz des Bergrettungsdienstes anfordert, muß vor allem bedenken, daß er eine Gruppe junger Leute vom Arbeitsplatz wegholt und in die Berge schickt, wo sie selbstlos ihr Leben einsetzen, um das Leben anderer zu retten.
Anforderungen des Bergrettungsdienstes Tiers sind an BRD-Führer Karl Ladstätter, Tel. 64 21 81, Sepp Mair (Gasthof „Edelweiß“), Tel. 64 21 45, oder an das Gemeindeamt (Bürozeiten), Tel. 64 21 23, zu richten.
Der angesprochene BRD-Mann wird, bevor er seine Kameraden zusammenruft, die Anforderung auf ihre Richtigkeit überprüfen. Der Einsatzmeldende muß sich daher für folgende Angaben zur Verfügung stellen:
— Seine persönlichen Daten angeben;
— Ort und Telefonnummer bekanntgeben, von wo aus er die Meldung macht;
— angeben, was passiert ist, Uhrzeit des Geschehens, Zahl der Verletzten;
— genauere Beschreibung der Unfallstelle;
— wenn möglich auch die Art der Verletzungen sowie die Anschriften der Verunglückten mitteilen.

Die Sagenwelt des Tierser Tales

KÖNIG LAURINS ROSENGARTEN

nach Karl Paulin

In uralter Zeit, da Riesen und Zwerge die Alpentäler bevölkerten, herrschte im Inneren des Berges, den wir heute Rosengarten nennen, der Zwergenkönig Laurin über ein unterirdisches Reich. Die Rüstung des kleinen Fürsten blinkte von hellem Golde, und er ritt auf einem schneeweißen Rößlein durch sein Gebiet. König Laurin besaß aber auch geheimnisvolle Kräfte; seine Tarnkappe machte ihn unsichtbar, und ein geschmückter Gürtel gab ihm die Stärke von zwölf Männern. Laurins Stolz war ein wunderschöner Garten vor dem Tore seiner Felsenburg, in welchem das ganze Jahr hindurch unzählige prachtvolle Rosen blühten und ihren Duft ausströmten. Dieser Garten war mit goldenen Fäden eingezäunt und nur durch ein enges Pförtchen zu betreten. Strenge wachte der kleine König über seinen Rosengarten. Wehe dem, der mutwillig in das Gehege einbrach und auch nur eine der Rosen pflückte! Laurin nahm ihm dafür die linke Hand und den rechten Fuß.
Auf einer seiner geheimen Fahrten, die König Laurin durch die Lande unternahm, erblickte er auf dem Blumenanger einer Burg die schöne Kühnhilde, des Schloßherrn Tochter. Das Herz des Zwergenkönigs entbrannte in Liebe zu dem holden Mädchen. Er raubte Kühnhilde und entführte sie in sein unterirdisches Schloß im Rosengarten. Auf der Burg herrschte Schrecken und Trauer über das Verschwinden Kühnhildes. Endlich machte sich ihr Bruder Dietleib auf, um sie zu suchen, und kam auf abenteuerlicher Fahrt auch an den Sitz des Gotenkönigs Dietrich von Bern (Verona). Dieser sagte, daß nur der Zwergenkönig Laurin Kühnhilde geraubt haben könne. Der Berner versprach Hilfe und beschloß, mit seinem Waffenmeister Hildebrand und dem Recken Wittich die Felsenburg des Zwerges zu suchen.
Tag um Tag ritten Dietleib und die Berner nordwärts, bis sie am Zusammenfluß von Etsch und Eisack zum erstenmal aus dem Hintergrund den Rosengarten leuchten sahen. Begeisterung und Kampfeslust beflügelte die Recken, als sie endlich an dem

Zwerg König Laurin und Kühnhilde im Faschingsumzug.

goldenen Pförtlein des Gartens hielten. Während Dietrich in Staunen über die Pracht der Rosen versunken war, zerschlug Wittich mit seinem Schwerte die goldenen Fäden und zerstampfte den Gartengrund.

Da sprengte auch schon auf seinem weißen Rößlein König Laurin heran, in Gold gewappnet und bebend vor Zorn über den Frevel, der an seinen Rosen geschehen. Er warf den Recken die Untat vor und forderte von ihnen als Vergeltung Hand und Fuß.

Dietrich wies solch grausames Verlangen ab, bot aber Laurin reiche Gold- und Silberspenden, um seinen Zorn zu besänftigen. Doch der Zwerg bestand auf seiner Forderung. Nun griff Wittich trotz der Warnung Dietrichs zu den Waffen; er führte einen gewaltigen Schwerthieb gegen Laurin, verfehlte aber sein Ziel

und wurde selbst vom Speerstoß des kleinen Königs aus dem Sattel geworfen. Da griff der Gotenkönig ein, und es begann ein heißer, ungleicher Kampf. Denn plötzlich wurde Laurin unsichtbar. Der Zwerg hatte sich die Tarnkappe über den Helm gestülpt, daher trafen Dietrichs Schwertstreiche nur mehr die Luft. Erbittert warf der Berner seine Waffe weg und begann mit dem unsichtbaren Gegner zu ringen. Da erfaßte seine Hand ganz von ungefähr die Tarnkappe Laurins, riß sie ab, und nun stand der kleine Held wieder sichtbar vor Dietrich. Dieser entmachtete Laurin gänzlich, da er ihm auch den Zaubergürtel zerbrach.
Nun lag der Zwergenkönig kraftlos am Boden und flehte seinen Bezwinger um Schonung an. Der kampfesheiße Dietrich hätte ihn getötet, wenn nicht Dietleib, der seine geliebte Schwester ohne den Zwerg nie zu befreien hoffen durfte, den Berner um Gnade gebeten hätte.
Als Laurin seine Hände den siegreichen Gegnern zur Versöhnung reichte und sie zum Besuch in seine Felsenburg einlud, herrschte wieder Frieden im Rosengarten.

Unter der Führung des Zwergenkönigs traten die Recken in das wunderbare Reich Laurins. Herrlich prangte der Thronsaal, aus Marmor, Gold und edlen Steinen erbaut. Laurins Gefolge, zierlich gewappnete Zwergenritter und winzige Edelfräulein, begrüßten die Berner Helden nach höfischer Sitte. Und dann trat Kühnhilde hervor, prächtig geschmückt als Braut des Zwergenkönigs. Als sie Dietleib unter den Gästen erblickte, flog ein Leuchten über ihre Züge, sie umarmte den Bruder und klagte ihm unter Tränen ihr Leid. Wohl werde sie im Zwergenreich als Königin geehrt, Laurin gewähre ihr jeden Wunsch; sie aber wäre trotz aller Pracht glücklos und müsse vor Heimweh sterben.
Leise versprach Dietleib der treuen Schwester die Befreiung, doch gebot er ihr vorerst strenges Stillschweigen.

Laurin lud seine Gäste zu Tisch und hieß sie die schweren Rüstungen ablegen. Arglos tafelten die Helden und ahnten nicht, daß der tückische Zwerg ihnen betäubende Säfte in den Trank gemischt. Einer nach dem anderen sank, von der Kraft des Weines überwältigt, zur Erde. Laurin ließ nun die wehrlosen Helden fesseln und in einen Kerker werfen.
Diese schmachvolle Tat berichtete ein Zwergendiener heimlich Kühnhilde. Sogleich entschloß sie sich, den Bruder und die Freunde aus der Haft zu befreien. Sie öffnete das verriegelte

Tor, löste zunächst die Fesseln der Gefangenen und übergab ihnen die Rüstungen wieder.
Das Geklirr der Waffen weckte auch Laurin, der alsbald mit schmetterndem Hornstoß die Kriegsscharen seiner Zwerge herbeirief. Es begann ein furchtbarer Kampf. Als sich die Scharen der Zwerge immer mehr lichteten, ließ Laurin fünf Riesen aus den Wäldern am Fuße des Rosengartens aufbieten. Aber auch dies half nichts mehr, denn die Berner Helden töteten in heißem Kampf auch die Riesen. Die Entscheidung fiel jedoch erst, als es Dietrich gelang, sich Laurins zu bemächtigen und ihn gefangenzunehmen. Nun war die Herrlichkeit des Zwergenfürsten für immer zu Ende.
In Ketten wurde Laurin von den Siegern nach Bern geführt und mußte dort am Hofe Dietrichs dienen.
Kühnhilde aber trat befreit aus dem Berg in die Helle des Sonnenlandes und ritt beglückt an Dietleibs Seite heim auf die väterliche Burg.
Seitdem ist Laurins Rosengarten verwandelt. Die Glut der Rosen erlosch, ihr Duft verwehte, und nur noch nackte Felsentürme ragen zum Himmel. Wo einst der herrliche Garten geblüht, sieht man heute noch das „Gartl", einen hellen Schuttfleck, von dem der Schnee oft auch im Sommer nicht ganz schmilzt.
Nur zur Abendzeit glüht zuweilen der ganze Berg auf im Widerschein der sinkenden Sonne und spiegelt in seinem Leuchten die Sage von König Laurin und seinem Rosengarten.

LOMBERDA — DIE WETTERHEXE.

Die Lomberda war eine Riesenhexe aus dem Welschland, groß stark und wütig. Sie hauste Jahrzehnte am Rosengarten und verstand alles, was die Zauberkunst betrifft und die Hexenweisheit ausmacht: Wetter machen, Bauern plagen und Vieh schrecken. Die Leute in den Tälern um den Rosengarten herum lebten mit ihr in immerwährendem Krieg.

Aber, glaubt ihr vielleicht, die Fassaner, Welschnofner, die Tierser und Kastelruther haben sich nicht zu wehren gewußt? O, da kennt ihr die Leute da oben in den Dolomiten schlecht. Gar nichts haben sie sich bieten lassen und ganz ausgezeichnet haben sie es verstanden, dem Teufelsweib so manches zum Trotz zu tun. Das werdet ihr jetzt gleich hören.

Die Hexe Lomberda im Faschingsumzug.

Einmal, da rührt die Lomberda mit einem Reisbesen den Antermojasee hinter dem Kesselkogel auf, daß es nur so sprudelt und knudelt. Schon steigen die schwarzen Wolken in die Höh und überziehen den ganzen Himmel. Es blitzt schon — ein ganz greuliches Ungewitter droht jeden Augenblick loszubrechen. Da fängt der Mesner zu Pozza im Fassatal die Wetterglocke zu ziehen an. Ein paar gelbgrüne Zucker noch am finsteren Himmel und das Wetter muß sich wieder verziehen. Bald scheint die Sonne und es ist wieder der allerschönste Tag.

Das hat die Lomberda natürlich wenig gefreut. Eine ganz unbändige Wut hat sie auf den Mesner gehabt und hat wie eine Besessene mit ihrem Besen in den See hineingeplantscht, daß die Lomberda bis auf ihre eigene Runzelhaut waschnaß geworden ist.

»Der Putzer Plentenkessel«, so hat sie über die Berge hin geschrien, »hat mir den ganzen Spaß verdorben.«

Dann ahmte sie höhnend das Klingen der Glocke nach. »Geling, gelong, geling — gelong! Schell nur, du alter Plentenstotz! Nicht einmal ein bißl Abkühlung vergunnen sie mir — die Putzer Blutzer mit ihrem Gling-glung.«

Das war so ihre Art, von den geweihten Glocken zu sprechen. So fluchte sie und schimpfte auf das unflätigste, wenn ihr das fromme Geläut irgendein Lasterwerk vereitelte.

»Die winselnde Katz von St. Peter, der kohlende Hund von Layen, der lurlende Tierser Stier«, so wetterte sie gegen ihre Widersacherinnen auf den Türmen. »Die Umser Sumser, die tscheppernden Kastelruther Geißschellen, die quänggeten Latzfonser Muspfannen, die Brummer von Gummer, die St.-Vigillen-Grillen, der wampete Knödelhafen von Welschnofen«, so hieß sie die vielen Glocken rings um den Rosengarten herum. Wohin sie lauschte, rief ihr eine Glocke zu:

»Fort mit dir, du schiache Hex!«

Oder sie glaubte aus dem Gesang der Glocken Spottlieder und Trutzweisen herauszuhören.

»Alle Wetter sind uns bekannt,
Lomberda, die Hex muß aus dem Land!
Alle Wetter verjagen wir,
Lomberda, wart dich plagen wir.
Schüttelt sie, rüttelt sie, rupfts ihr die Haar,
Haut zum Kraut sie, gebts ihr ein paar!
Necks, schnecks, becks,
Pack sie die Hex!«

so sangen und klangen die ehernen Jungfrauen auf den Türmen.

»Lomberda, Lumpin! Lomberda, Lumpin!«

so höhnten die Glocken. Wohin sie blickte, drohte ihr aus dem Tale ein Kirchturm wie ein großer Zeigefinger:

»Wart nur, du Teufelin. Trau dich nur, du Wetterhex!«

Eines Tages brach sie dort, wo jetzt das Tschagerjoch den Einschnitt in der Rosengartenkette bildet und den Wanderer von der Vajolethütte herauf läßt und hinunterführt in die Behausung der Kölner, ein großes Stück Berg heraus und schleuderte den Felsklotz in das Tal hinunter, daß die Trümmer noch heute am Kölblegg herumliegen.
Gezielt hätte sie damals eigentlich nach Welschnofen hinunter und wäre willens gewesen, das ganze Dorf mit dem gewaltigen Felstrumm zu zerschmettern, wenn nicht der »Welschnofner Knödelhafen«, das heißt in unserer Sprache die große Glocke, noch rechtzeitig ertönt wäre und so die teuflische Riesenkraft in Lomberdas Hexenarmen hätte erlahmen müssen.
Ein anderes Mal wollte sie den Rosengarten nach Tiers hinunter wälzen, und der Fels war durch ihre Zauberkünste bereits zu weichem Teig geworden. Heute noch sieht man das Stück, das sie schon vom großen Berg weggeschoben hatte. Es ist die zerklüftete, rissige Wand, die vor dem Gartl aufsteht. Wenn man dieses Felsengestein genauer betrachtet, kann man sich's ganz gut vorstellen, wie die Hexe ihre Teufelspratzen aus dem weichen Stein herausziehen wollte und ihr der Krapfenteig an den zehn Fingern herunterhing.
Da fing aber gerade der »Cyprusstier« zu brüllen an, die Glocke von St. Cyprian erscholl und aus war es mit der ganzen ruchlosen Hexerei. Der Stein erstarrte augenblicklich wieder und die Lomberda war gefangen, wie ein Wiesel, das ins Schlageisen gesprungen ist.

Zum Glück sind die Leute unten im Tale durch die herabfallenden Steine aufmerksam geworden und haben sich gleich gedacht, daß hier wieder einmal die Lomberda an der Arbeit ist. Sie hatten den guten Einfall, die Glocke weiter zu läuten, immerfort und immerzu, sechs Stunden lang, bis ein Trüpplein baumstarker Bauern oben am Berge war und die Hexe am Kragen hatte.

Hätte der Mesner, sein Weib und seine Buben unten auch nur einen Augenblick ausgesetzt, am Glockenstrang zu ziehen, so wäre es den Männern oben bei der Lomberda, soviel ihrer auch waren und so kampfbereit und rauflustig sie sich auch fühlten, übel ergangen.

Die Tierser und die von Cyprian schleppten die Lomberda talab bis zum ersten Bauernhaus. Dort schwangen sie das Weib in einen kupfernen Waschkessel und schmiedeten sie mit kupfernen

Ketten daran fest. Gegen Kupfer hat kein Zauber Bestand. In diesem Kessel führten sie ihre Gefangene nach Tiers und dann hinunter zum Karneider Richter.

Beim Wirtshaus zum Halbweg wäre ihnen die Hexe bei einem Haar ausgekommen. Sie hätte ja auch nur ein bißchen Erde nötig gehabt, um die Gewalt, die ihr das Kupfer antat, brechen zu können.

Die Männer saßen gerade in der Trinkstube und hatten den Wagen mit der Lomberda im kupfernen Kessel ohne jede Aufsicht vor dem Hause stehen. Auch der Mesner hatte das Läuten eingestellt. So sicher fühlten sich die Bauern. Da kamen einige Kinder und schauten sich die böse Hexe an, erst von weitem, dann immer einen Schritt näher, endlich, als ihrer schon ein ganzer Schwarm war, sechs oder sieben Schritte vom Wagen.

Was tut da die Lomberda? Schneidet sie nicht den Kindern Grimassen und Gesichter, reckt ihnen die Zunge heraus, schiebt die untere Lippe fast eine Spanne weit vor, verzieht das Maul nach rechts und verrenkt es nach links.

Die Kinder von damals taten, was die von heute auch noch täten, sie antworteten ihrerseits mit den gleichen Begrüßungen und Höflichkeiten, und da sie auch die Hände frei hatten, bedienten sie sich auch dieser und zeigten der Lomberda lange Nasen, einhändige und zweihändige, solche mit ausgestreckten Fingern und andere, bei denen es die Finger gar eilig hatten im Zappeln und Auf- und Zubeugen.

Das konnte das Weib allerdings nicht machen, weil ihre Hände an den Kessel geschmiedet waren, doch Lomberda fing nun zu spucken an.

»Pfui Teufel, du Hex! Hörst auf mit deinem Speien!«

Da fiel einem Buben ganz was Neues ein. Schon bückte er sich, um die Hexe mit Steinen und Erde zu bewerfen, und das hatte sie eben bezwecken wollen mit ihren Unarten. Mit einer einzigen Hand voll Erde hätte sie ihrer kupfernen Bande gespottet und sich mit Leichtigkeit wieder frei gemacht. Schon wollte der Bub in seinem Zorn die Erde auf die Hexe werfen, da kam der alte Voit gerade noch zurecht und bewirkte mit einer gut gezielten, schallenden Ohrfeige, die er dem Buben verabreichte, daß die Erde ganz wo anders hinflog.

Von da an haben die Bauern die Hexe freilich nimmer aus den Augen gelassen und sind nicht von ihr gewichen, bis sie am Gallbühel oberhalb Blumau auf dem Scheiterhaufen in Flammen aufging. Noch heute ist dort der Hexengeruch beim Wetterwechsel stark zu merken.

So war es auch recht. Ein Hexenfang glückt ohnedies nur selten, dann aber heißt es aufpassen, daß die Hexe in der Gefangenschaft nicht noch mehr Unheil als in der freien Weite anrichtet, denn nicht immer läuten die Wetterglocken, wenn man sie braucht.

DAS LOCH IN DER SCHEIFELEWAND

Ein Pfarrer in Tiers hatte einmal eine Häuserin, eine rechte Unkatl. Alles mußte nach ihrem Kopf gehen. Die Frühmesse durfte an Sonn- und Feiertagen erst um 10 Uhr gelesen werden, damit sie sich recht bequem ausschlafen konnte. Der Pfarrer aber mußte seinen Magen den ganzen Vormittag hindurch vor Hunger knurren lassen und kam manchmal auch erst um halb 12 Uhr zu seinem Frühstück. Nicht einmal das vergönnte ihm der Geizkragen von einer Häuserin. Sie stellte ihm meistens, zum Frühstück und Mittagsmahl zugleich, nichts anderes als eine wässerige Brennsuppe vor, während sie selber sich mit Gebackenem und Gebratenem, mit Wein und Bier stopfte und mästete.

Dick war sie wie ein Streuschober und faul wie die Nacht. Sie selber ordnete überhaupt nur an, was zu geschehen hatte, arbeiten mußten Knecht und Magd, der arme Pfarrer getraute sich kein Wort dagegen zu sagen. Die Dorfleute striegelte und riegelte sie wie besessen und erpreßte von ihnen Steuern und Abgaben. Trug eine Bäuerin oder eine Dirne sonntags einmal zufällig ein hübsches, buntseidenes Halstüchel, das der Häuserin gefiel, so riß sie es ihr auf dem Kirchgang oder in der Kirche selber vor allen Leuten vom Leibe, schimpfte von »Hoffart« und »Eitelkeit« und band es am nächsten Montag sich selber um.

Eigentlich war sie die Pfarrerin, der geistliche Herr war der Niemand, der war nur ihr Gesellpriester, dem ging's übler als dem allerärmsten Kooperator im Land.

Wie sie aber einmal von einem notigen Bäuerlein zu dem Korb von Eiern, die er gerade in den Widum brachte, noch ein halbes Dutzend Hühner verlangte, drei Kübel mit Schmalz und einen Sack weizenes Mehl, da stieg dem armen Schlucker, der selber nichts zu beißen und zu nagen hatte, die Galle.

»Hol dich der Teufel«, sagte er und wandte sich zur Türe. Dieser Wunsch kam ihm dabei so aus tiefstem Herzensgrund wie selten einmal früher ein Gebet.

Wirklich saust es draußen in der Luft wie von Adlersflügeln und der leibhaftige Satan, mit glühenden Augen und über und über mit schwarzen Zotteln bedeckt wie ein Geißbock, flattert in den Widum, packt die Häuserin beim Kragen und fliegt mit ihr gegen die Scheifelewand zu. Dort wollte er mit ihr durch den Felsen hindurch. Doch der Berg war an der Stelle viel zu dick und zu breit. Der Teufel wühlte wohl eine großmächtige Höhlung in den Berg, doch mußte er wieder umkehren.

Jetzt wollte der schwarze Gangger mit seinem Höllenbraten über die Wand hinwegfliegen, aber die dicke Häuserin war so schwer, daß er mit ihr unmöglich so hoch steigen konnte.

So versuchte er es denn noch einmal, durch die Wand zu stoßen — diesmal ein Stück weiter oben — und es gelang. Heute noch sieht man oberhalb der Scheifelewand das große Loch im Felsen, durch das das böse Weib zur ewigen Unruh geflogen ist. Die Tierser hätten das Loch später gerne noch vermauert, damit die Bißgurn nicht wiederkehre, sie kamen aber dann zur Meinung, daß der Teufel diesen Braten gewiß nimmer auslassen wird.

DAS TSCHETTERLOCH

Im Tschamintal hinter Tiers führt nicht hoch über dem Bach ein tiefes Loch in den Schlern hinein, so tief, daß man mehr als eine Viertelstunde zu gehen braucht, um ans Ende zu kommen. Vor dem Loch braust ein Wasserfall herab.

Ganz hinten im Tschetterloch ist ein Raum, in welchem ein Tisch und an den Wänden herum Bänke angetroffen wurden.

Die einen sagen, diese rührten von den Hirten früherer Zeiten her, welche darin Obdach gesucht, andere erzählen, daß hier die ersten Christen ihren verborgenen Gottesdienst gefeiert hätten, als die Christenverfolgung wütete. Wieder andere meinen, im Tschetterloch hätten die Riesen der Vorzeit gehaust samt ihren Hunden, und die letzten endlich behaupten, diese Höhle habe den Seligen Leuten zum Aufenthalt gedient, und um dieselben vor den Nachstellungen der Riesen und Menschen zu sichern, habe Gott der Herr den abstürzenden Bach darübergeleitet.

Am Tschetterloch geht man vorbei, wenn man durch die Bärenfalle zum Schlern aufsteigt. (Siehe »Bergtouren«)

DER WILDE MANN IN TIERS

In der guten alten Zeit, da noch in Tiers ein guter Tropfen reifte, hauste allda der Wilde Mann. Äußerst selten nur kam er ins Dorf, denn seine Lieblingsbeschäftigung war die Jagd, und so jagte er jahraus, jahrein in den Wäldern des Tales, meist in der Tschaminschlucht.

Dann und wann besuchte der Wilde Mann auch die Almweiden und freute sich der schönen Viehherden. Einmal begab sich ein Tierser auf das Alpl hinauf zu den Ochsen, die dort weideten. Weil er den Hirten nicht antraf, blieb er allein in der Hütte übernacht und schürte sich vor dem Schlafengehen drin ein Feuer an. Als es ganz finster geworden war, ging auf einmal die Tür auf, und der Wilde Mann trat herein und setzte sich zu ihm an das Feuer. Der Tierser getraute sich in seiner Furcht kein Wort zu sagen, und da der Wilde auch nichts redete, so saßen beide die ganze Nacht schweigend beieinander und wärmten sich. Neben ihnen saßen die Jagdhunde des Wilden und rollten fürchterlich die Augen.

In der Früh, als sie von der St.-Cyprian-Kirche herauf betläuten hörten, stand der Wilde Mann auf und sagte zum Bauern, dem vor Furcht das Herz klopfte: »Hascht mi um öppas g'fràgg, hatt i dir öppas g'sàgg. Weil mi obar nicht g'fràgg hascht, hàn i dir a nicht g'sàgg.« Darauf rief er seinen Hunden töi! töi! und ging mit ihnen davon.

DIE SCHLERNHEXEN

Es ist schon lange, lange her. Damals, als der Rosengarten noch ein Garten voll blühender Rosen war und das Königlein Laurin dort oben die Krone trug, da blühten auf dem Schlern drüben Rosmarin, Gilgen und Nelken. Der kleine König hat oft voller Neid und Grimm von den Zinnen seiner Rosenburg hinübergesehen auf die Pracht dieser Blumen, und mancher tollpatschete Riese, manch raunziger Zwerg und nicht zuletzt die Buben von Seis und Völs versuchten es, mit den Saligen Fräulein anzubandeln, die im Schlerngarten die Blumen zu pflegen hatten.
Wie sie aber dem König Laurin in seinem Garten die Rosen zertreten haben und ihn selbst gebunden hinuntergeführt in das Tal, da hat eine von den Saligen, die gerade nach Tiers hinabgestiegen war mit einem Nelkenstöckl für die alte, kranke Paulin, über das arme Königlein gelacht.
Da ist Laurin ganz außer sich gekommen vor Wut und Zorn und hat den Schlerngarten auch noch verflucht und die schönen Gärtnerinnen in Hexen verwandelt.
Damals ist der Schlern zu dem wilden Berg geworden, der er noch heute ist, und damals sind die blauen Blumen entstanden, die nach der Blüte die grauen Zottelhaare ansetzen — die Schlernhexen.

DAS LICHTLEIN VON TIERS

»Höllteufel« fluchte der Platzliner und rieb sich die Stirne, denn er war an einen Baumast gerannt. Dann bückte er sich und tappte nach seinem Hut umher, der war ihm nämlich vom Kopfe gefallen.
»Wenn's in der Höll a so finster ist, dann brauchen die Teufel gute Augen.«
So sprach er, die letzten Worte zwar ziemlich leise, denn er erschrak selber über diesen Abweg, auf den seine Gedanken plötzlich geraten waren. Man soll den Teufel nicht an die Wand malen und es ist auch nicht angezeigt, in finsterer Nacht und auf einsamen Wegen von Hölle und Teufel zu reden. Der Bauer griff nach seinem Rosenkranz.

Er war in Bozen gewesen auf dem Samstagmarkt, der Platzliner, hatte die Eier, die ihm die Bäuerin mitgegeben, und das Hafele Schmalz gut verkauft. Aber der Weg ist weit und es gibt viele Wirtshäuser vom »Weißen Kreuz« in der Stadt bis zur »Krone«

in Tiers, und der Weg ist weit und Durst hat man auch. So war es spät geworden, und die Nacht war stockfinster.

Noch immer glitt die »Bet« durch seine Finger. Der Platzliner wollte sich die Hilfe des Himmels sichern, denn zu den Mühseligkeiten des Weges und der Nacht hatte sich noch etwas recht Unangenehmes gesellt — die Furcht. Der Bauer fürchtete sich vor der Nacht. Der kalte Angstschweiß perlte ihm von der Stirne herunter, und da sonst nichts, aber schon rein gar nichts zu sehen war, da zeigte dem Platzliner die Furcht die sonderbarsten Bilder. Er sah sich schon als Leiche unten im Bache liegen, er schloß die Augen und sah am Wegrand ein Marterl stehen — die Füße gegen den Himmel, den Kopf nach unten sauste ein Mensch zwischen einer Menge von Fichten, die ihre giftgrünen Äste voller Entsetzen auseinanderspreizten, in die Tiefe. Wer der Mensch eigentlich war, das konnte der Bauer freilich nicht erkennen, aber der Stürzende hatte ein Gewand an wie der Platzliner zu St. Cyprian, wenn er sonntags in die Kirche oder samstags in die Stadt geht, und unter dem Gemälde war zu lesen:

»Hier hat sich der Platzliner derfallen,
Betez fier in ein Par Grallen,
Das Ewige Liecht leicht ihm.«

Entsetzt schritt der Bauer aus und betete:
»Herr, gib ihm die ewige Ruh und das ewige Licht — ahhh! —«
Wahrhaftig und Gott! Da drüben, wo der Weg in den Wald einbiegt, glänzte ein kleines Licht. Der Bauer ließ Stock und »Zegger« fallen und lief ein Stück zurück. Aber auch den Rosenkranz hatte er in seinem Schrecken ausgelassen, und diese geweihte Waffe gegen jeden Spuk und jegliche Anfechtung des Bösen Feindes mußte er wieder haben. So schlich er nach einiger Zeit wieder vor und nahm seine Sachen vom Boden auf. Das Lichtlein war verschwunden. Der Bauer wagte sich deshalb ein paar Schritte in den Wald hinein.

»Heiliger Vater!« Da war ja das Licht schon wieder. Aber es glänzte ganz ruhig und schwebte noch weiter waldeinwärts, immer den Weg entlang leuchtend. Und wenn der Bauer allzu langsam ging oder gar wieder einmal stehenblieb, so stand das Lichtlein auch oder kam sogar ein Stück auf den Bauern zu — gerade wie einer, der eine Laterne vorträgt und umkehrt, wenn er glaubt, daß er dem, dem er zu zünden hat, zu schnell gegangen ist.

So ging der Bauer denn — freilich langsam und zaghaft — dem Lichtlein nach und kam glücklich aus dem Walde und kam wohlbehalten über die Wiese zu seinem Hofe, immer hinter dem Lichtlein her. Und wie er um den Scheiterhaufen biegt, ist das Lichtlein auf einmal verschwunden, just, als ob es zwischen die Scheiter hineingeschlüpft wäre.

Da wird dem Bauern schon wieder angst und bange und er schaut, daß er ins Haus hineinkommt, und verriegelt die Tür.

»Kimmst endlich nach Hause, du Lump, du alter? Du Saufaus, du damischer, du Rabenbratl, du schlechter Schelm, du Wirtshausbruder, du alter Lump!«

»Jaz bischa still, Alte!«

Doch die fing ihr Lied von vorne an und sang noch lange, bis der Bauer ihren Gesang mit seinem Schnarchbaß zu begleiten begann.

Am nächsten Samstag ging die Bäuerin selber in die Stadt.

»Damit dear Louter nöt wieder in die Versuachung fallt und um oans in der Nacht hoamkimp. Sell kannt i nöt haben!«

So zog dieser Samstag für den Bauern ohne Versuchung und ohne Niederlage vorüber, doch am Sonntag nach der Litanei fiel der Platzliner dem »Löwen« in den Rachen, und es war halt schon wieder finster, als der Bauer heimwärtstorkelte.

»Sehen, ob mir heint wieder sell Liechtl leichtet!«

Heute fürchtet er sich nicht, heute hing ihm der Himmel voller Geigen; was braucht es da noch Sterne und Mond?

Wirklich, wie er zum Walde kommt, wartet auch schon das Lichtlein auf ihn. Nur eines? Heute sieht er sogar doppelt.

»Hi, hi, hi! Heint is fein nobel.
Die heiligen drei Kinig mit ihmenen Stearn,
Dö essen und trinken und zohlen nöt gearn.

Grad oan Stearn habn sie g'habt, dö armen Hascher, drei Kinig oan Stearn! und ih, der Platzliner von Tiersch, han für mi alloan schun ihrer zwoa.«

Und wie sorgsam die Lichter vor dem Bauern den Weg beleuchteten! Viel heller scheinen sie als letztes Mal.

»Ja, ja, doppelt genahnt, sell hebb viel besser, und wenn dir doppelt geleichtet wird, nacher sigsch besser! A alte G'schicht!«

Der Bauer stapft selig durch den Wald.

»Teixl no amol, ist dös a Beleichtung! Jaz war i bald in dö

Lacken getreten. Da gehts hear, ös Malefizliechter, nöt olleweil a Meile voraus!
So ist's recht, iaz sig i a niade Wurzel. So will is haben! Gradaus leichten, ös Irrwisch, nöt olleweil hin und hear faggeln! Ös woggelts ja, als wenn's zuviel g'soffen hättets. Was saufts denn ös, wenn ös Durst habts, Bamöl oder Pitrolium? So, warum geahts den iaz? So laß i mir's g'fallen! Ah, was ist denn dös iaz wieder für an Ung'stalt« mit offenem Munde lugte er nach vorne und kniff dabei das linke Auge zu, um deutlicher sehen zu können.
»Was war denn dös iaz af oanmol! Wo ist denn iaz dös andere Liechtl hinkemmen? Dös möcht i wissen!
Ah, da bist, du Sakrafunsen, du elendige!«
Dabei spritzte er mit dem Stiefel aus einer Pfütze auf die beiden Lichtlein hin, daß diese ängstlich zitternd ein Stück nach vorne schnellten.
»No amol sollt oans von enk zwoa probieren dervunzelafen! Schian leichten iaz, sunst wear i enk göben!
Zu kalt ist mir, wärmts mi a bißl!«
Doch wie sehr er sich auch bemühte, eines davon zu haschen, es gelang ihm nicht. Dabei flog er ein um das andere Mal zu Boden und fluchte von neuem.
Über die Wiese huschten die Lichter gar eilig hin, daß ihnen der Bauer kaum folgen konnte — und hinter dem Scheiterhaufen verschwanden sie.
»Geahts außer, ös Teifelsampeln! Daß ös mir no mei Holz unschürts! Außer geaths, sog i!«
Da öffnete sich ein Fenster.
»Was schreist denn so, du Narr? Weckst mir ja die Dienstboten auf. Schamst di denn gar nöt?
»Außer müassen sie!«
»Laß sie schlafen die Knecht, wer wird denn iaz schun die Leit aufwöcken?«
»Außer! Außer!«
»Wenn iaz no nöt still bist, du Bsuff, nacher kimm i außer. Einer geahst iaz in die Hütten, sunst kimm i.«
Ja, wenn der Platzliner zuviel getrunken hatte, da war das Lichtlein nicht zu beneiden — denn gewöhnlich war es nur eines. Nur wenn er doppelt geladen hatte, da brauchte er auch doppelte Beleuchtung.

Aber trotz der schlechten Behandlung hat ihn in jeder Nacht, so der Mond nicht schien oder wenn der Himmel umzogen war, auch bei Schnee und Regen, in Sturm und Wind, das Lichtlein getreu nach Hause geführt. Durch fünf Jahre hindurch, das hat der Platzliner selber erzählt, ist das so geschehen.

Einmal saß er halt wieder in der »Krone« und schien auf das Heimgehen ganz vergessen zu haben. Die Nacht war pechschwarz, es goß in Strömen, und als der Bauer endlich aufbrach, da zeigte es sich, daß er lange nicht so sicher stand, als er früher steif und fest hinter dem Tisch gesessen war.

»Platzliner, heint brauchst aber woll a Latearn?« meinte die Kronenwirtin.

»Hab mi gearn«, sagte der Bauer.

»Sell war zuviel verlangt, zum Gearnhaben bist du amol nöt gemocht. Aber a Latearn gib i dir mit, wenn sie magst und wenn sie mir wiederbringst — damit nöt fallst und deine Bäuerin nöt zur Wittib wird. Heint ist's ja ganz schröcklich finster.«

Aber der Platzliner lachte und sagte: »Brauchst nöt, Wirtin, i find schun nach Haus, drüben beim Wald wartet ja mein Liechtl af mi.«

»So, so, a Liechtl sigst du schun? Na, dann wird's woll a nimmer lang dauern Platzliner, bis du a die weißen Mäus tanzen sigst.«

»In dö Hütten geah i no amol einer«, brummte der Bauer und wankte hinaus.

Richtig, wie er zum Wald kommt, ist auch schon sein Lichtlein dort und schwebt vor ihm her. Der Bauer tappt ihm nach und freut sich, wie hell das Lichtlein brennt trotz des strömenden Regens und daß er so gut sieht bei jedem Schritt und Tritt.

Wie sie dann zum Platzlinerhof kommen, verschwindet das Lichtlein, wie es immer verschwunden ist, wenn es den Bauern nach Hause gebracht hatte.

Und jetzt hätte der Bauer auch tun sollen, was er immer getan hat: ins Haus hätte er gehen sollen und sich nicht weiter um das Lichtlein kümmern. Aber er war damals so voller Stolz auf seinen treuen Heimbegleiter und ganz gerührt über die Opferwilligkeit und den Diensteifer des Lichtleins, daß er sich nicht halten konnte. Den Scheiterhaufen hat er umarmt und zwischen die Scheiter durch hineingeflüstert:

»Vergelt's dir Gott, mein Liechtl, daß mi heint wieder so schön nach Haus begleitet hast. Bei der Finsternis hätt i mi schön derstoßen und derfallen. Vergelt's dir Gott! Gelt ja!«

Kaum war er aber mit seiner Dankrede zu Ende, da erhielt er auf einmal von unsichtbarer Hand eine schallende Ohrfeige.

»Mit dem Vergelt's Gott' hast du eine arme Seele erlöst«, belehrte ihn später der Pfarrer.

»Und die Watschen?«

»Das wird halt der Lohn sein für die üble Behandlung, die du dem Armen-Seelen-Liechtl die fünf Jahre hindurch hast angedeihen lassen, eine Strafe für dein Saufen ...«

Da drehte sich der Bauer um, nahm Weihbrunn und ging. Die Ohrfeige hätte er übrigens schon noch verschmerzt, daß aber das Lichtlein von jener Nacht an nimmer auf ihn gewartet hat, das hat ihn bis zu seiner letzten Stund gewurmt, den alten Platzliner.

DER HEXENMEISTER KACHLER IN TIERS

Der Hexenmeister Kachler trug einen Zauber- oder Stärkegürtel, der ihm Zwölfmännerkraft verlieh. Einer der zwölf Tierser Herrn, welche in der Dreikönigsnacht unter dem Rosengarten auf feurigen Rossen durch den Gschlößlwald reiten, hatte ihm den Gürtel gegeben. Dieser war auf der inwendigen Seite der ganzen Länge nach mit lauter kleinen, schwarzen Erzkügelchen besetzt, wie man sie noch hie und da auf dem Schlern und Rosengarten antrifft. Der Kachler war aber auch ein Wettermacher, der seinesgleichen suchte, und hatte über alles Wachstum der Gegend Gewalt; er konnte Getreide, Gras und Wein wachsen lassen oder auch verderben, wie es ihm gefiel.

Einmal war seine Stube voll Bauern, die des Wetters wegen herkamen und mit dem Hexenmeister darüber redeten. Der »Schwarzplenten« (Buchweizen) war im Aufgehen, und da sollte ihn bei Tag die Sonne und bei Nacht der Mond rösten. So hätten sie nun gerne Sonnen- und Mondschein gehabt, für etliche Wochen. Da fing der Kachler auf einmal an zu weinen, und die hellen Tränen rannen ihm in den Bart. Darüber um die Ursach befragt, gab er zur Antwort: »Ich esse selber den Pulggen (Plenten) zu Tod gern, aber jetzt muß er hin werden!« Dann ging er hinaus und fort nach Welschnofen. Der Plenten mißriet und starb in kurzer Zeit ab. Jetzt wurden die Bauern über und über zornig und gedachten, dem Kachler das Handwerk zu legen. Sie zogen aus, ihn zu fangen, aber als sie ihm in Welschnofen begegneten, getraute sich keiner, Hand an ihn zu legen, denn sie fürchteten den Zaubergurt, den er am Leibe trug. Da raunte der Klügste unter ihnen den andern in die Ohren, sie sollten ihm nur den Gurt vom Leibe reißen, dann sei er nicht stärker, als jeder von ihnen. Sie fielen ihn nun an und rangen mit ihm, und während ihm einer den Bart raufte, daß es eine Art hatte, rissen ihm die andern richtig den Gurt herab. Jetzt wurden sie seiner leicht mächtig, fingen ihn und lieferten ihn gebunden über die Wolfsgrube nach Tiers hinüber, wo er der Obrigkeit überantwortet wurde. Noch wollen die Leute das Loch im Kerker wissen, wo der gefürchtete Hexenmeister gefangen lag. Ob man ihn um einen Kopf kürzer gemacht oder an einen Baum gehängt oder gar lebendig gebraten hat, konnte man nicht erfahren.

(nach J. A. Heyl)

Wissenswertes

Busverbindungen:

Bozen—Tiers im Sommer dreimal täglich, im Winter zweimal täglich. Fahrpläne sind in den Gasthöfen angeschlagen. Für Schnellzüge ist Bozen Anschlußstation, Personenzüge halten auch in Blumau. Zufahrt: Von Blumau über eine asphaltierte Straße (8 km); von Kardaun durch das Eggental zum Karerpaß und über die Rosengartenstraße nach Tiers (45 km). (Eine neue Höhenstraße ist derzeit im Bau. Sie zweigt von der Völser Straße oberhalb Blumau ab und wird über Völser Aicha nach Tiers führen.)

Büro des Verkehrsvereins:

Im Gemeindehaus (bei Pfarrkirche), Tel. 64 21 27.

Raiffeisenkasse:

Geldwechselstelle am Ortseingang. Öffnungszeiten: wochentags (außer Samstag) Winter und Sommer von 8 bis 12 Uhr und 16 bis 17 Uhr. Tel. 64 21 35.

Gottesdienste:

Pfarrkirche: Vorabendmesse im Winter 19.30 Uhr, im Sommer 20.15 Uhr. Messe an Sonn- und Feiertagen 6 Uhr und 9 Uhr (in deutscher Sprache). Messe in italienischer Sprache an Sonn- und Feiertagen vom 15. Juli bis 31. August 10.30 Uhr. — St. Cyprian: Messe an Sonn- und Feiertagen in deutscher Sprache (von 15. Juni bis 26. September) 18.30 Uhr.

Leihbücherei:

Im Haus der Dorfgemeinschaft. Öffnungszeiten: sonntags 10—11 Uhr, donnerstags von 18—19 Uhr.

Sanität:

Ordination des Gemeindearztes im Altersheim, Tel. 64 21 16. Ständiger Dienst von Hebamme und Krankenschwester.

Polizei:

Carabinieristation im Ort (oberhalb Schulhaus), Tel. 64 21 22.

Feuerwehr:

Tel. 64 21 36.

Taxi:

Luis Rieder, Tel. 64 21 39, und Hermann Aichner, Tel. 64 21 83.

Tankstelle:

Bei Gasthof „Paradies“ im Dorfzentrum, Tel. 64 21 36.

Alpenverein Südtirol:

Ortsstelle Tiers der Sektion Bozen,
Ortsstellenleiterin: Margareth Ploner, Florhof, Tiers Nr. 128.
Für Skitouren, Bergfahrten, Kletter-, Eis- und Gletschertouren stehen die Bergführer des Alpenvereins Südtirol zur Verfügung.

Bergrettungsdienst:

Auskunft und Meldestelle bei BRD-Führer Karl Ladstätter:
Zipperlehof, St. Cyprian, Tel. 64 21 81,
Sepp Mair, Gasthof Edelweiß, Tel. 64 21 45,
oder Gemeindeamt (Bürozeiten), Tel. 64 21 23.

Sport:

Tennisplatz gegenüber Gasthof Laurin. Auskünfte und Schlüssel beim Verkehrsbüro erhältlich. Tel. 64 21 27.
Skilift auf den Traunwiesen.
Skikarussell am Karerpaß (Zufahrt ca. 20 Min.), Langlaufloipe.
Nähere Auskünfte jeweils im Verkehrsbüro. Tel. 64 21 27.

Quellen

A i c h n e r, Prof. Josef: Private Aufzeichnungen aus Tiers.

D e l a g o, Hermann: Dolomiten-Wanderbuch, 12. Auflage, bearbeitet von Josef Rampold, Innsbruck 1974.

H e y l, Johann Adolf: Volkssagen, Bräuche und Meinungen aus Tirol, Brixen 1897.

Geschichtsfreund, Der, Jg. 1867 (Anhang S. X).

Centralkommission, Mitteilungen der k. und k., Jg. XV, Neue Folge, Wien 1889, S. 270 und 222 (Dr. Joseph Alex. Freiherr von Helfert).

L a n g e s, Gunther: Dolomiten-Kletterführer, Bd. 1a, 7. Aufl. München 1974.

Prisma, Mitteilungsblatt des Südtiroler Künstlerbundes, Bozen 1962.

Neustift, Regesten des Stiftsarchives.

Neustift, in Österr. Urbare, 2. Teil, hrsg. von Herbert I n n e r h o f e r, Innsbruck-München 1974.

Neustift, Liber Testamentorum Conventus Neocellensis, hrsg. von Max S c h r o t t, in »Kultur des Etschlandes«, Bozen 1967.

R a m p o l d, Josef: Eisacktal, Bozen 1973 (2. Aufl.).

R a m p o l d, Josef: Bozen, 2. Aufl. 1975 (daraus die Laurinsage).

R o s a d a, Guido und Mengotti, Cristina: Bericht über die Ausgrabungen in Tiers.

S p a r b e r, Anselm: Aus der Geschichte der Völser Pfarrgemeinde, in »Schlern«, Jg. 1930, S. 148 ff. und S. 182 ff.

S p i t a l e r, Helga: Die Gerichte Tiers, Schenkenberg und Velthurns von 1500 bis 1641.

S t o l z, Otto: Politisch-historische Landesbeschreibung von Südtirol, Schlern-Schriften 40, Innsbruck 1939 bzw. fotomech. Nachdruck Bozen 1971.

Statistisches Handbuch von Südtirol, Bozen 1975 (hrsg. von der Handelskammer und der Volksbank Bozen).

T a r n e l l e r, Josef: Die Hofnamen des unteren Eisacktales (Kirchspiel »Vels am Schlern«), Archiv für Österr. Geschichte, Bde. 106 und 109, Wien 1914 und 1921; abgekürzt »T« und Nummernangabe.

Südtirol 1981, Bericht des Amtes für Wirtschaftsprogrammierung, Bozen o. J.

Volkszählung 1971, Band 17.

Südtirol in Wort und Bild, Zeitschr. f. Südtirol, Jg. 1968, Heft 2, Innsbruck 1968.

W e b e r, Franz Sylvester: Dolomitensagen, Bozen 1914 (die Sagen daraus wörtlich zitiert, die »Schlernhexen« gekürzt).

W o l k e n s t e i n, Marx Sittich von: Landesbeschreibung von Südtirol (um 1600), Schlern-Schriften 34, Innsbruck 1936.

Bildernachweis:

Foto Tappeiner: Titelbild, S. 19; Ferrari-Auer: S. 5; Toni Trompedeller: S. 9, Wanderkarte S. 104; Cormar: S. 46, 127; J. Amonn: S. 93; Luis Thaler: S. 11, 17, 23, 47, 51, 61, 65, 112, 115; Otto Pedoth: S. 53, 63, 108; Eduard Jud: S. 76, 80, 89; Josef Verant: S. 69, 85; Paula Kohlhaupt: S. 33, 35; Josef Reichsöllner: S. 27;

Das Wappen der Gemeinde Tiers wurde dem Buch »Die Wappen der Gemeinden Südtirols« entnommen.

Inhaltsverzeichnis

Seite

Notizen:

Notizen: